FALKEN FARBIG

Gabriele Vocke

Trockenblumen Gewürzsträuße

FALKEN VERLAG

Die in diesem Buch zur Abbildung gelangten Exoten wurden uns von der Firma Wilhelm Schleef oHG, Vlotho, zur Verfügung gestellt.

An dieser Stelle sei Herrn Heribert von Esebeck für seine tatkräftige Mitarbeit bei der Bestimmung der in- und ausländischen Pflanzen herzlich gedankt.

ISBN 3 8068 5084 4

Fotos: Horst J. Beltz, Axel Ruske, Vogelsänger Studios (1); Wilhelm Schleef oHG
Zeichnungen: Edith Kuchenmeister
Satz: H.G. Gachet & Co., 6070 Langen bei Ffm.
Druck: VOD, Heidelberg

817 2635 4453

Inhalt

Dauerhafter Blumenschmuck

Schon die Königin Kleopatra, die etwa 45 Jahre vor Christus lebte, schätzte den Schmuckwert der Blumen über alles und wollte ständig, auch außerhalb der Saison, von Pflanzen umgeben sein. Dieser Wunsch führte möglicherweise zu dem Versuch, Blumen und Pflanzen im heißen Wüstensand Ägyptens dauerhaft haltbar zu machen. Verglichen mit den damaligen komplizierten Mumifizierungsprozessen Verstorbener war das eine einfache Aufgabe. Komplett erhaltene konservierte Trockenblumenzusammenstellungen aus Lilien und Lotosblüten sind in altägyptischen Grabstätten gefunden worden. Sie haben dort über Jahrhunderte verschlossen gelagert.
Es ist geschichtskundig, daß auch Griechen und Römer luftgetrocknete Gräser und Getreidearten in Verbindung mit frischem Efeu und Lorbeerranken zu festlichen Dekorationen verarbeitet haben. Später, im 14. Jahrhundert, war es auch in Indien üblich, Blumen und Blüten in trockenem Sand einzugraben, um sie dauerhaft zu präparieren.
Obwohl es heute möglich ist, jederzeit die verschiedensten Frischblumen zu kaufen, wird der Wunsch nach ansprechendem Trockenblumenschmuck von Jahr zu Jahr größer, das Sortiment der getrockneten und zu trocknenden Materialien demnach reichhaltiger. In den meisten Wohnungen findet man heute ein Trockenblumengesteck. Trockenblumen sind natürliche Pflanzen, die getrocknet und eventuell präpariert und gefärbt werden. Es handelt sich dabei also nicht um künstliche Blumen, wie sie in Blumengeschäften oder Boutiquen angeboten werden.
Zu bemerken ist aber, daß sich handwerklich gearbeitete Seiden- und Papierblumen ebenfalls, im Zuge des gleichen Trends, wachsender Beliebtheit erfreuen. Sie können – richtig verwendet – wirkungsvolle Elemente einer jahreszeitlich unabhängigen Blumenkomposition bilden.
Farbecht und formgerecht getrocknete Pflanzen sind eine große Bereicherung und Zierde für viele Dekorationsmöglichkeiten. Das gilt nicht nur für die blumenärmeren Wintermonate, sondern während des ganzen Jahres zu festlichen Anlässen, als Geschenk oder als Blickfang in den eigenen Wohn- und Arbeitsbereichen.
Die Schönheit der aus getrockneten Materialien zusammengestellten Arrangements liegt in den dezenten, gedämpften Farbtönen und den originellen Kombinationen von mannigfaltigem Material verschiedener Länder.
Reizvolle Effekte stellen getrocknete Fruchtstände und bizarre Zweige, kombiniert mit frischen Blumen, dar. Gearbeitet werden diese Dekorationen meist in den Herbst- oder Wintermonaten, in einer Zeit, in der das meiste Trockenmaterial anfällt beziehungsweise vorhanden ist.
Dauerhaften Blumenschmuck findet man vorwiegend an Hauseingängen, in Dielen, in rustikal eingerichteten Wohnräumen, in Restaurants, in Schaufenstern, auf Geschenkpackungen, aber auch als Reliefs oder Mobiles.
Trockenmaterial läßt sich in jeder Weise gestalten, als Miniaturgesteck genausogut wie in Boden- oder Tischvasen, als freihängender oder an der Wand befestigter Raumschmuck, in Form von Kugelbäumchen, Kranz oder Pyramide sowie in Gewürzsträußchen oder figürlichen Anordnungen.

Lebensgefühl

Material:
Wiesengräser (*Deschampsia, Poa*)
Strohblumen (*Helichrysum*),
Kiefernrinde (*Pinus sylvestris*)

Hilfsmaterial:
Baumscheibe, Stahlstifte, Töpferton,
Bast und Wickeldraht, Strohhalme,
Steckdraht, Haarspray

Bei dieser originellen Komposition bleibt das Gefäß unsichtbar. Alle verarbeiteten Pflanzen scheinen aus der locker zusammengefügten Kiefernrinde zu drängen. Die Anordnung veranschaulicht, wie natürlich und selbstverständlich sich einfachste Materialien mit etwas Phantasie zu einem kleinen Kunstwerk arrangieren lassen. Erwähnenswert ist auch der geringe Kostenaufwand.
Die verschiedenartigen Gräser, bei einem Spaziergang im Wiesengraben gefunden, wurden gebündelt, hängend getrocknet und mit Haarspray übersprüht. Für das Sortieren – zur Verwendung im Trockengesteck – gilt selbst bei Gräsern der Grundsatz: gleichartige, zu einem Wachstumsbereich gehörende Halme eng nebeneinander gruppieren.
Das längere aufrechtstehende Büschel ist aus dreierlei Grasarten zusammengestellt:

Aus grünen im Sommer gesammelten Gräsern, deren Frischton durch das sofort eingeleitete Trockenverfahren erhalten blieb, sowie aus bräunlichen und rötlichen der Herbstzeit. Das etwas kürzer horizontal eingesteckte Bündel besteht aus Gräsern, die in der Natur vom Sonnenlicht gebleicht wurden. Sie sind noch nicht ausgereift und tragen Samen. Diese filigran wirkende Sorte wächst vielfach am Rande von Ährenfeldern. Die meisten Grashalme sind in getrocknetem Zustand außerordentlich empfindlich und brüchig. Deshalb sollten sie beim Verarbeiten fachgerecht mit weichem Kunstbast zusammengehalten werden.
Als nächstes sind die ausgesucht großen Strohblumenköpfe anzustielen. Dazu führt man den Steckdraht von oben durch die Mitte der Staubgefäße, formt ihn am oberen Ende zu einem Haken und zieht ihn so weit zum Anschlag zurück, bis er nicht mehr zu sehen ist. Um den technischen Kunstgriff zu kaschieren, stülpt man zusätzlich einen Gras- oder Strohhalm vom unteren Drahtende bis zum Blütenkopf.
Im Walde liegen viele gefällte Bäume. Kiefern werden nach dem Baumschlag in der Regel sofort geschält. Diese flachen, außen braun und innen hell getönten Rindenstücke lassen sich in feuchtem Zustand sehr gut formen. Man fixiert die gewünschten Biegungen mit Wickeldraht und läßt sie im Schnellverfahren im warmen Heizungskeller erstarren.
Nach diesen Vorbereitungen beginnt die eigentliche künstlerische Arbeit. In eine Wurzel oder eine etwa 10 cm große Baumscheibe als Unterlage werden von unten Stahlstifte so eingeschlagen, daß ihre Spitzen etwa 2 cm herausragen. Hierauf wird der Ton gesteckt. In diesen noch weichen unabgebundenen Töpferton lassen sich leicht die gebogenen Rindenspitzen, die Strohblumen und die Gräser eindrücken. Die Schleifenführungen der einzelnen Rinden werden so ineinandergefügt, daß einmal die helle und einmal die dunkle Seite sichtbar wird. Bei dem entstandenen Oval bringt die auf der aufstrebenden Gräserseite hochkantig aufgestellte Kiefernrinde im Vergleich zu der flach auslaufenden Gegenseite eine weitere Belebung in die Komposition. Die mittlere, etwas höher geschichtete Partie muß, um genügend Raum für die Anordnung der Gräser und Strohblumen zu bieten, eine größere Öffnung erhalten.

Sonnenschaukel

Material:
Sonnenblumen *(Helianthus)*,
Hirsefruchtstände *(Setaria italica)*,
Schafgarbe *(Achillea)*

Hilfsmaterial:
Poron, Xylamon, Pinholder, Oasis-fix, Moos, Klarlack, roter Autolack, Leinenbänder, Wickeldraht, Tauchbad »Blütenzauber«

Für Diele oder Blumenfenster oder als Bestandteil eines Raumteilers sind freihängende Gestecke ein schöner Blickfang. Die Basis hierfür kann ein geflochtener Korb, eine Ampel, ebenso eine Balkenwaage oder eine skurrile Baumwurzel sein. Letztere säubert man zunächst mit der Wurzel- oder Drahtbürste. Unebenheiten kann man mit grobem Schmirgelpapier beseitigen. Anschließend empfiehlt sich das Präparieren mit Xylamon gegen Ungeziefer sowie ein Überziehen mit Klarlack. Das Trockenmaterial wählt man passend zur Umgebung. Zu berücksichtigen ist auch die Größe des Pflanzenmaterials. Sie soll harmonisch auf die Unterlage abgestimmt sein.
Im eigenen Garten herangezogene Fruchtstände haben bekannte vertraute Formen, zu denen man eine andere Beziehung hat als zu unbekanntem exotischem Material. Aus diesem Grunde werden sie bevorzugt von Hobbykünstlern verarbeitet. Sonnenblumenfruchtstände unterschiedlicher Größe lassen sich vielseitig gestalten. Kleine bis mittelgroße Exemplare kann man in Farbe und Form fast naturgetreu erhalten, indem man die Blüte durch das Tauchbad »Blumenzauber« konserviert.

Auch die Sonnenblumenwaben kann man gestalterisch integrieren, indem man sie völlig, teilweise oder in Form eines geometrischen Musters entkernt. Um die Randzonen zwischen offenen und gefüllten Waben vor dem Herausfallen der Kerne zu schützen, werden die gefährdeten Stellen zuvor mit Klarlack behandelt. Hierzu kann ein entsprechend zugeschnittenes Papiermuster ein nützliches Hilfsmittel sein. Da Sonnenblumenstiele in der Regel hohl sind, sollte man ihnen vor der Verarbeitung durch Einführen mehrerer Steckdrähte Halt verleihen.
Als Befestigungskörper dient im vorliegenden Beispiel Hartschaumstoff, und zwar Poron von etwa 10 cm Länge und je 6 cm Höhe und Breite. Dieser wird in zweifacher Weise mit der Wurzel verbunden, und zwar einmal durch Aufkleben des Pinholders mit Oasisfix, zum anderen durch mit Wickeldraht fest gewickeltes Moos als Abdeckung. Schwere Pflanzen wie Sonnenblumen werden in vorgebohrte etwa 3 cm tiefe Löcher eingeklebt. Großflächige Sonnenblumenfruchtstände ordnet man an der Basis an, kleinere verarbeitet man mit längeren Stielen als aufstrebende Tangente. Ergänzt wird diese Gestaltungslinie durch Hirsefruchtstände. Ausbalancierend wirken auf der Gegenseite die getrockneten Schafgarbenblüten, die mit Autolack orangerot gesprüht wurden.

Da solche hängenden Dekorationen von allen Seiten her betrachtet werden, ist die Bearbeitung rundherum ansprechend und sorgfältig durchzuführen. Als Aufhängung kann sowohl Hanfseil, eine alte Schiffs- oder Bambuskette, breites Juteband, ein Bastzopf oder grob gewobenes Leinenband dienen. Dieses wird mit stabilem Wickeldraht an beiden Enden der Baumwurzel befestigt. Die Schleifen, deren Schlaufen mit Draht zusammengefaßt sind, werden getrennt aufgearbeitet. Ein letzter Kontrollblick vor der Aufhängung gilt der unteren Wurzelpartie; hier muß die Befestigungstechnik unsichtbar bleiben.

Heimische Pflanzen für Trockenblumenschmuck

Heide, Feld, Wald, Wiese, Flußufer, Seegebiete und Gärten sind die ergiebigsten Quellen für heimische Trockenblumen. Gesammelt und getrocknet werden nicht nur vollständige Prachtexemplare, sondern auch einzelne Blätter, Frucht- oder Samenstände, Knospen, Gräser und Beeren. Verwendbar sind jedoch nur unbeschädigte, wohlgeformte Pflanzen und Pflanzenteile.

Mit dem Sammeln von geeignetem Material beginnt man schon im Frühjahr, so daß man bis zum Anbruch des Winters ein reichhaltiges Sortiment zusammengetragen haben kann. Dieses sollte aus einer umfangreichen Pflanzenpalette in vielerlei Formen und Farben bestehen. Bei rechtzeitigem Ernten – und das kann von Jahr zu Jahr und klimamäßig verschieden sein, so daß man keine genauen Zeitangaben machen kann –, richtigem Trocknen und Aufbewahren eignen sich die folgenden heimischen Pflanzen zu einem dauerhaften Schmuck.

Von der linken Mitte des äußeren Kreises beginnend, entgegen dem Uhrzeigersinn:

Riesenlauch *(Allium giganteum)*
Statize *(Limonium suworowii)*
Sandimmortelle *(Ammobium alatum)*
Statize *(Limonium)* gefärbt
Klee *(Trifolium)*
Strandflieder *(Limonium)*
Freiland-Hortensie *(Hydrangea aspera ssp. strigosa)*
Hahnenkamm *(Celosia cristata)*
Kreuzkraut *(Ligularia dentata)*
Orientalischer Mohn *(Papaver orientale)*
Platanen-Fruchtstand *(Platanus x acerifolia)*
Heidekraut *(Calluna vulgaris)*
Erika *(Erica gracilis)*
Karde *(Dipsacus sylvestris)*
Mohn *(Papaver rhoeas)*
»Jungfer im Grün« *(Nigella damascena)*
Artischocken-Blüte *(Cynara)*
Mannstreu *(Eryngium)*
Schafgarbe *(Achillea filipendulina »Parkers Variety«)*
Lauch *(Allium)*
Strohblumen *(Helichrysum bracteatum »Monstrosum«)*
Schleierkraut *(Gysophila paniculata)*
Kugelamarant *(Gomphrena globosa)*
Mannstreu *(Eryngium)*
Klette *(Arctium lappa)*
Silberdistel *(Carlina acaulis)*
Rainfarn *(Chrysanthemum vulgare)*
Sonnenflügel *(Helipterum manglesii)*
Artischocke *(Cynara cardunculus)*

Von links unten nach rechts und von rechts oben nach links:
Lampionblume *(Physalis alkekengi)*
Sauerampfer *(Rumex)*
Wasser-Schwertlilie *(Iris pseudacorus)*
Rittersporn *(Delphinium)*
Stechapfel *(Datura stramonium)*
Sonnenhut, Echinacea
(Rudbeckia purpurea)
Straußfarn *(Matteucia struthiopteris)*, fruchtbarer Wedel
Raps *(Brassica napus)*
Diptam *(Dictamnus albus)*
Waldweidenröschen-Arten *(Epilobium)*
Hirtentäschelkraut *(Capsella bursa-pastoris)*
Purpurglöckchen *(Heuchera sanguinea)*
Schwertlilie *(Iris foetidissima)*
Knöterich *(Polygonum affine)*
Hellerkraut *(Thlaspi arvense)*
Ziest *(Stachys)*
Stockrose *(Alcea officinalis)*

Von rechts unten nach links und von links oben nach rechts:
Wimper-Perlgras *(Melica ciliata)*
Taube Trespe *(Bromus sterilis)*
Goldhafer *(Trisetum flavescens)*
Moskitogras *(Bouteloua gracilis)*
Gras *(Spartina pectinata)*
Plattährengras *(Uniola latifolia)*
Kolbenhirse *(Setaria italica)*
Gras *(Hystrix patula)*
Simse *(Scirpus)*
Lampenputzergras *(Pennisetum villosum)*
Lampenputzergras *(Pennisetum alopecuroides)*
Gerste *(Hordeum)*
Schilf *(Phragmitis communis)*
Rutenhirse *(Panicum virgatum)*
Landschilf *(Calamagrostis epigeios)*
Rasenschmiele *(Deschampsia caespitosa)*
Froschlöffel *(Alisma plantago-aquatica)*
Hoher Glatthafer *(Arrhenatherum elatius)*
Kammschmiele *(Koeleria)*

Rechts in der Mitte beginnend entgegen dem Uhrzeigersinn:
Raps *(Brassica napus)*
Hopfen *(Humulus lupulus)*
Kornblume *(Centaurea macrocephala)*
Löwenmaul *(Antirrhinum)*
Sonnenblume *(Helianthus)*
Sonnenhut *(Rudbeckia nitida)*, erhöhter Blütenboden
Graslilie *(Anthericum)*
Kuhschelle *(Pulsatilla vulgaris)*
Glockenblumen *(Campanula rapunculoides)*
Herkuleskraut *(Heracleum sphondylium)*
Glockenblume *(Campanula medium)*
Nachtkerze *(Oenothera biennis)*
Ziest *(Stachys grandiflora)*
Prachtscharte *(Liatris spicata)*
Mannstreu *(Eryngium planum)*
Schmetterlingsstrauch *(Buddleja davidii)*
Prachtspiere *(Astilbe)*
Silberling, Mondviole *(Lunaria annua)*
Muschelblume *(Molucella laevis)*
Aralie *(Aralia racemosa)*
Herkuleskraut *(Heracleum mantegazzianum)*

Von links unten nach rechts und von rechts oben nach links:
Mais *(Zea mays)*, weibliche Ähren
Mais *(Zea mays)*, männliche Ähre
Beifuß *(Artemisia vulgaris)*
Sonnenblume *(Helianthus annuus)*
Hasenschwanzgras *(Lagurus ovatus)*
Wegerich *(Plantago major)*
Wasser-Schwertlilie *(Iris pseudacorus)*
Goldrute *(Solidago virgaurea)*
Simse *(Luzula)*
Zittergras *(Briza media)*
Hohlzahn *(Galeopsis)*
Kugeldistel *(Echinops ritro)*
Perückenstrauch *(Cotinus coggygria)*
Rispenhortensie *(Hydrangea paniculata)*
Morgenstern-Segge *(Carex grayi)*
Ebereschenspiere *(Sorbaria sorbifolia)*
Frauenfarn *(Athyrium filix-femina)*
Rohrkolben *(Typha latifolia)*

Von links unten nach oben und wieder nach unten usw.:

Dreiblatt-Zitrone *(Poncirus trifoliata)*
Schönfrucht *(Callicarpa)*
Eukalyptus *(Eucalyptus)*
Platane *(Platanus)*, Früchte
Roßkastanie *(Aesculus hippocastanum)*
Eßkastanie, Marone *(Castanea sativa)*
Erle *(Alnus)*, Früchte
Feuerdorn *(Pyracantha)*,
rote und gelbe Früchte
Protea
Rosenfrüchte *(Hagebutten)*, Rosa canina
Knoblauch *(Allium sativum)*
Kürbissamen *(Cucurbita)*
Kiefern-Zapfen *(Pinus)*
Zierkürbis *(Cucurbita)*
Sanddorn *(Hippophae rhamnoides)*
Kermesbeere *(Phytolacca acinosa)*
Bärenklau *(Acanthus longifolius)*
Bergenie *(Bergenia)*
Zierpaprika *(Capsicum annuum)*
Schwertlilie *(Iris)*, Fruchtstand
Kuhschelle *(Pulsatilla vulgaris)*
Schmetterlingsstrauch *(Buddleja)*
Kakteengewebe
Weinraute *(Ruta corsica)*
Hainsimse *(Luzula)*
Blumenbinse *(Butomus umbellatus)*

Manche Zweige eignen sich wegen ihrer besonderen Form oder der sehr interessanten Fruchtansätze für Trockengestecke. Bizarre Zweige, die trocken verarbeitet werden können, sind: Waldrebe *(Clematis vitalba)*, Korkenzieherhasel *(Corylus avellana »Contorta«)*, Besenginster *(Cytisus scoparius)*, Stechapfelzweige *(Datura stramonium)*, Lärchenzweige *(Larix decidua)*, Wildapfel *(Malus baccata)*, Schlehe *(Prunus spinosa)*, Robinie, Scheinakazie *(Robinia pseudoacacia)*, Stacheldrahtrose *(Rosa omeiensis f. pteracántha)*, Zickzackweide *(Salix matsudana »Tortuosa«)*, Salweide *(Salix caprea)*, Drachenweide *(Salix sachalinensis »Setsuka«)*, Weinrebe *(Vitis vinifera)*.
Zweige, die ohne Laub durch die kräftige Färbung ihrer Rinde wirkungsvoll sind: Feuerhartriegel leuchtend rot *(Cornus alba »Sibirica«)*, Goldhartriegel hellgelb *(Cornus stolonifera »Flaviramea«)*, Ranunkelstrauch *(Kerria japonica)*, Dotterweide *(Salix alba »Vitellina)*.
Interessante heimische Baumrinden: Weißbirke *(Betula pendula)*, Korkenspindelbaum *(Euonymus alatus)*, Kiefer, Föhre *(Pinus sylvestris)*, Platane *(Platanus x acerifolia)*, Korkflügelulme *(Ulmus minor »Suberosa«)*.

Sommertage

Material:
Zittergras *(Briza media)*,
Knäulgras *(Dactylis glomerata)*,
Hafer *(Avena sativa)*,
Reitgras *(Calamagrostis)*,
Sauerampfer *(Rumex acetosa)*,
Spitz-Wegerich *(Plantago lanceolata)*,
Großer Klappertopf *(Alectorolophus major)*,
Glatthafer *(Arrhenatherum elatius)*,
Wiesenrispengras *(Poa pratensis)*

Hilfsmaterial:
Haarspray, Kunstbast, Schere

Die Vielfalt der Gräser, der Formenreichtum und die dezente Farbabstufung kommen in diesem schlichten Vasenstrauß zum Ausdruck. Durch das rechtzeitige Sammeln der Gräser von Juni bis Oktober erhält man von der gleichen Grasart unterschiedliche Farben, von Grün über Beige bis hin zu stark ausgebleichten Tönen. Um die Gräser in dem gefundenen Entwicklungsstadium festzuhalten, werden sie nach dem Schnitt mit Haarspray behandelt.
Nicht von ungefähr wird das Gras als das »Haar der Mutter Erde« bezeichnet. Tatsächlich ist der Schmuckwert der über 7000 Gräserarten, von denen sich ein großer Teil trokken verarbeiten läßt, aus sommer- und herbstlichen Blumendekorationen nicht mehr wegzudenken. Ob nun die Gräser für sich oder in Verbindung mit Trocken- oder Frischblumen verarbeitet werden, immer wirken sie auflockernd und verbindend. Um die verschiedenen Gräser in der Vase zart und duftig zur Geltung zu bringen, sollte man sie fachgerecht zum Strauß zusammenbinden. Dazu nimmt man zwei Gräser in die linke Hand und legt diese x-förmig schräg übereinander. Das dritte Gras wird in der Gegenrichtung quirlförmig eingefügt. Das spiralenartige Fassen von drei Stielen sollte man so lange trainieren, bis dieser Handgriff zur Selbstverständlichkeit geworden ist, denn er ist die Grundlage für jeden gutgebundenen Strauß.
Die zunehmende Fülle des Straußes umfaßt man mit der ganzen Hand. Verlegt man den Kreuzungspunkt nach unten, fallen die Blumen locker auseinander, verlegt man ihn nach oben, stehen sie dichter zusammen. Fest gebunden wird der fertige Strauß mit einem Kunstbastfaden. Die Bindestelle sollte am Kreuzungspunkt liegen. Die Stielenden werden zum Schluß kuppelförmig zugeschnitten, damit der Strauß gut in der Vase steht. Er ist richtig gebunden, wenn man ihn an einem einzigen Stiel tragen kann, ohne daß er auseinanderfällt.

Hängeampel

Material:
Mäusedorn *(Ruscus)*, Lärchenzapfen *(Larix)*, Strohblumen *(Helichrysum)*
Meerlavendel *(Limonium tataricum)*

Hilfsmaterial:
Mosyblock, dicker und dünner Steckdraht, Kupfer- oder Goldspray, Kombizange, Haarspray, Bast

Aus der kupfernen Hängeampel quillt üppig der von allen Seiten her ausgearbeitete Trokkenblumenschmuck. Dieser dauerhafte Schmuck ist leicht nachzuarbeiten. Zunächst wird der Mosyblock entsprechend dem Gefäß zurechtgeschnitten, und zwar so, daß die Oberfläche leicht konisch zuläuft. Die Vorbereitungsarbeiten sind etwas langwieriger, zumal ein Großteil des zur Verarbeitung kommenden Materials angedrahtet werden muß, damit das Ausstecken schnell und mühelos vonstatten geht.
Getrockneten und grün gefärbten Ruskus gibt es im Handel zu kaufen. Er wird mit Steckdraht zu straußartigen Büschelchen zusammengefaßt.
Die Lärchenzapfen legt man am besten nebeneinander, um sie dann leicht mit Kupfer- oder Goldspray besprühen zu können. Sobald sie trocken geworden sind, führt man den Draht in den unteren Schuppenring, zieht mit der Kombizange fest an und verdrillt beide Drahtenden. Ebenfalls gedrahtet werden die stiellosen Köpfe der Strohblumen. Die grauweißen Sternblüten des Meerlavendels besitzen in der Regel feste Stiele, die nicht gedrahtet werden müssen.
Um einen gleichmäßigen kegelförmigen Aufbau zu erhalten, beginnt man die Arbeit mit dem Einstecken der längsten Blüte am höchsten Punkt, der Mitte. Danach fügt man vier angedrahtete Strohblumen als unterste Begrenzung bis dicht an den Rand der Mosysteckmasse ein. Die Blüten sind so schräg einzuführen, daß sie weit über den Kupfertiegelrand hinausragen. Eine ebenmäßig abgestufte Oberfläche erreicht man, wenn man für die Dauer des Einsteckens über die höchste Blüte in der oberen Mitte bis zur untersten Blume vorsichtig mehrere Bastfäden spannt. Bei so flach aufgebauten Trockendekorationen sieht man nur auf Blüten, Blätter und Fruchtstände, während die Pflanzenstiele verborgen bleiben. Der Aufbau des Titelmotives ist in gleicher Weise vorgenommen worden. Die gewählte Materialzusammenstellung ist jahreszeitlich unabhängig. Selbst die kupfer/gold gesprühten Lärchenzapfen sind nicht als Hinweis auf die Wintermonate gedacht, sondern lediglich als Verbindungsglied zwischen dem gehämmerten Kupferkessel und der Kette.

Geborgensein

Material:
Kiefernrinde *(Pinus sylvestris),*
Klee *(Trifolium),*
Alpendost *(Adenostylis glabra),*
Mäusedorn-»Blätter« *(Ruscus aculeatus)*

Hilfsmaterial:
Bast, Wickeldraht, Wurzelbürste, Schmirgelpapier, Klarlack, Dekofilz, Steckmasse, Oasis-fix, Pinholder, Krampen, Silberdraht, roter Sprühlack

Eine wirkungsvolle Umrahmung für große und kleine Trockenblumengestecke sind Baumrindenstücke, die beim Schälen gefällter Kiefern, Buchen, Birken oder Fichten anfallen. Diese Rindenabschnitte sind in feuchtem Zustand beliebig formbar. So lassen sie sich schrauben- oder spiralartig drehen oder über Papprollen wickeln und – falls erforderlich – mit Bast oder Draht in der gewünschten Form fixieren.

Die Grundlage eines solchen Gestecks kann, wie hier im Beispiel, ein Stück ausgewaschenes Treibholz sein, das an Gewässerrändern zu finden ist, eine Baumscheibe oder ein Stück Korkeiche. Die mit einer Wurzelbürste und Schmirgelpapier von Unebenheiten und Staub gesäuberte Unterlage kann nach Belieben auf der Oberfläche mit Klarlack gestrichen und auf der Unterfläche mit selbstklebendem Dekofilz bezogen werden. Damit schließt man die Gefahr von Kratzspuren, die eventuell beim Aufstellen des Gesteckes auf Möbelstücken entstehen können, aus. Die Steckmasse – sei es nun Ton oder Floristenknet – wird mittels Pinholder und Oasis-fix auf der Holzunterlage befestigt.

Beim Verarbeiten der Rindenstücke ist darauf zu achten, daß die gefällige, schöngeformte Seite die obere Spitze bildet, während man die einzusteckende Gegenseite schräg zuspitzt, um das Ende möglichst tief in die Knetmasse einführen zu können. Bei dicken, schweren Rindenstücken empfiehlt es sich,

das Gewicht außerdem mit zwei gegenteilig eingesetzten Krampen abzufangen. In wechselseitig zueinanderführenden Linien, die der Form und Größe des gesamten Arrangements angeglichen sind, werden die Rinden einander zugeordnet. Die kürzeste Holzlocke verschönt die Vorderseite und verdeckt gleichzeitig die Knetmasse.

Die getrockneten und durch leichtes Ansprühen mit rotem Autolack gefärbten Kleeblumen werden jeweils zu Bündeln von sieben bis neun Blüten mit Silberdraht zusammengefaßt. Das entstandene Sträußchen unterlegt man anschließend manschettenartig mit getrockneten Ruscus-»Blättern« und umwickelt die Stiele mit Bast oder kaschiert sie in einem Strohhalm. Die purpurroten Blütenstände des Alpendost mit ihren reichlich verästelten Schirmrispen untermalen die verspielte Anordnung.

Pflanzen unter Naturschutz

Die folgende Tabelle gibt geschützte wildwachsende Pflanzen an, die für den Trokkenblumenschmuck von Interesse sein könnten. Die seltenen oder aus anderen Gründen schutzbedürftigen Pflanzen dürfen keineswegs in der freien Natur gepflückt werden. Im eigenen Garten kann aber ein Großteil angebaut werden.

Akelei *(Aquilegia vulgaris L.)*,
Bergkiefer *(Pinus múgo)*,
Blaue Schwertlilie *(Iris sibirica)*,
Christrose, schwarzer Nieswurz *(Helleborus niger)*,
Edelweiß *(Leóntopodium alpinum)*,
Eibe *(Taxus baccata)*,
Federgras *(Stipa pennata)*,
Gelber Fingerhut *(Digitalis grandiflora Mill)*,
Kühchenschelle, Kuhschelle *(Pulsatilla vulgaris Mill)*,
Königsfarn *(Osmunda regalis)*,
Rippenfarn *(Blechnum spicant)*,
Sanddorn *(Hippophae rhamnoides)*,
Stechpalme *(Ilex aquifolium)*,
Stengellose Eberwurz, Silberdistel, Wetterdistel *(Carlina acaulis)*,
Stranddistel, Seestrand-Mannstreu *(Eryngium maritimum)*,
Strauß- oder Trichterfarn *(Matteucia struthiopteris)*,
Wacholder *(Juniperus communis)*,
Wasserschwertlilie gelb *(Iris pseudacorus)*,
Weißer Diptam *(Dictamnus albus)*,
Zirbelkiefer *(Pinus cémbra)*.

Anbau im Garten

Wer Trockenblumen liebt, sollte sich einen Teil der dafür infrage kommenden Pflanzen im eigenen Garten oder in Balkonkästen heranziehen. Einjährige Blumen und Stauden mit Vorkultur können leicht in einer kleinen Pflanzenschale – im Samenfachgeschäft erhältlich – auf der Fensterbank vorgezogen werden.

Nachstehend einen kleinen Überblick bekannter und bewährter Sorten für den Selbstanbau:

Akanthus *(Acanthus)* – Die distelartige Staude wird etwa 1 m hoch. Die Fruchtstände erntet man, wenn sich die Samenkapseln zu öffnen beginnen.

Akelei *(Aquilegia)* – Der Samen wird im Herbst ausgesät. Die Stengel mit den fünfzipfeligen, geneigten Samenkapseln schneidet man nach deren Aufplatzen.

Artischocke *(Cynara)* – Eine Staudenpflanze, die bis zu 1,50 m hoch wird. Ihre schuppenartigen Blütenstände blühen von August bis Oktober. Je nach Verwendungsabsicht schneidet man sie vor oder nach dem Aufblühen.

Büschelhaar- oder Federgras *(Stipa)* – Dieses Staudengras verlangt einen warmen, sandigen Standort. Die Halme schneidet man, sobald die Grannen sichtbar werden. Das Flauschfedergras *(Stipa pennata)* wird 40–60 cm hoch und blüht im Mai/Juni, das Reiherfedergras erreicht eine Höhe von 60–80 cm und das im Juni/Juli blühende Stipa capillata 80–100 cm.

Christrose *(Helleborus niger)* – Die mehrjährige Pflanze hat 6–7 cm große weiße Blüten, die sich sehr früh, bei mildem Wetter schon im Dezember, zeigen. Zum Präparieren eignen sich die grünen Fruchtstände.

Eberwurz *(Carlina)* – Diese Distel trägt an stark verzweigten Stengeln viele leuchtende Blüten. Geerntet werden sie entweder als Knospen vor dem Aufblühen oder nachdem der Samen ausgeflogen ist.

Federborstengras *(Pennisetum)* – Die Ähren werden zum Trocknen vor der Reife geschnitten.

Heidekraut *(Calluna)* und Erika *(Erica)* – Die buschigen Sträucher werden etwa 30–40 cm hoch. Ihre Rispen schneidet man, wenn die zahlreichen stecknadelkopfgroßen Blüten noch knospig sind. Zum Trocknen ungeeignet ist die Glockenheide *(Erica tetralix)*.

Hortensie *(Hydrangea)* – Die doldenförmigen Blütenstände eignen sich zum Trocknen nur, wenn sie voll erblüht sind.

Immortelle *(Lonas annua)* – Die für Trockenblumenschmuck beliebten zierlichen Blüten gedeihen nur in feuchten und kühlen Gegenden. Sie werden 30–60 cm hoch. Eine Vorkultur ist erforderlich.

»Jungfer im Grünen« *(Nigella damascena)* – Die Pflanze bildet kapselartige Früchte. Sie wird auch »Braut in Haaren« oder »Gretchen im Busch« genannt.

Kuh- oder Kühchenschelle *(Pulsatilla)* – Aus den 7–8 cm großen Blüten im April/März entwickeln sich nach dem Samenansatz pudelquastähnliche Fruchtstände, die zeitig geschnitten werden müssen.

Lampionblume *(Physalis)* – Jeder Stiel trägt mehrere leuchtend rote Lampions, die im Herbst reifen. Die Sorte *Physalis alkekengi var. franchetii* wird bis zu 1 m hoch. Die Pflanze ist anspruchslos und kommt jedes Jahr wieder.

Lauch *(Allium)* – Auf langen, hohlen Stengeln wachsen lilafarbige große Blütenkugeln. Zum Trocknen ist sowohl der Blüten- als auch der Fruchtstand brauchbar.

Mais *(Zea mays)* – Die Aussaat erfolgt Anfang Mai an Ort und Stelle. Als Frucht dieser einjährigen und bis zu 3 m hoch werdenden Pflanze reift der Maiskolben, umgeben von vielen Hüllblättern. Geerntet werden sie, wenn die Körner sich verfärbt haben.

Mohn *(Papaver)* – Es gibt wildwachsende und kultivierte Sorten, die 30–120 cm hoch werden. Nach der Blüte entwickeln sich die Mohnkapseln; diese erntet man, wenn die Samenkörner beim Schütteln rasseln. Zu früh abgeschnittene Kapseln runzeln.

Pampasgras *(Cortaderia selloana)* – Dieses Savannengras hat bis zu 1 m lange, schmale Blätter. Im Herbst wachsen die rispigen Gräser büschelartig auf 2–3 m hohen Stielen. Sie werden möglichst lang abgeschnitten, erst zwei bis drei Tage in voller Sonne und dann im Schatten getrocknet.

Papierblume *(Xeranthemum annuum)* – Die bis zu 60 cm hohe Pflanze ist einjährig. Nach dem Aufblühen muß sie sofort geschnitten werden. Die seidig glänzenden Blüten behalten auch im trockenen Zustand Form und Farbe.

Papierknöpfchen *(Ammobium alatum)* – Die meist einjährig kultivierte Staude wird mit Vorkultur gezogen. Eine besonders dankbare Sorte ist »Grandiflorum«.

Pfeifengras *(Molinia arundinacea »Altissima«)* – Dieses Staudengras wird 1–2 m hoch. Die Herbstfärbung zeigt sich goldbraun.

Prachtspiere *(Astilbe)* – Die Staude verlangt einen feuchten und schattigen Wuchsort. Den Fruchtstand sollte man schneiden, so lange er noch grün ist.

Schafgarbe *(Achillea)* – Die Achillea millefolium ist eine einheimische Staude mit würzigem Duft. Ihre von Juni bis August erscheinenden weißen, doldig angeordneten Blüten lassen sich, frisch erblüht, gut trocknen. Die Sorte »Kirschkönigin« blüht dunkelrosa, die Edelgarbe *(Achillea filipendulina)* gelb und »Parkers Variety« dunkelgelb. Die Pflanze wird bis zu 120 cm groß.

Schleierkraut *(Glypsophila)* – Die stark verzweigten Rispen tragen kleine weiße Blüten. *Glypsophila elegans* ist eine einjährige Staude, die 30–40 cm hoch wird. Sie blüht an sonnigen Stellen Ende März/Anfang April. Erst wenn die Blütenrispen voll erblüht sind, kann man sie schneiden.

Segge *(Carex)* – Der Fruchtstand dieses Staudengrases wird vor der Reife geschnitten.

Silberling *(Lunaria)* – Die flachen, breitelliptischen Fruchtschoten dieser zweijährigen Pflanze fallen nach der Fruchtreife ab, die Scheidewand bleibt als silbrig weiße Haut stehen. Dies ist der Zeitpunkt des Schneidens.

Statize *(Limonium)* – Die Familie der Bleiwurzgewächse ist beim Trockenblumenschmuck kaum entbehrlich, die vielverzweigten Blütenrispen werden in Gestecken und Sträußen gern als Füllmaterial verwendet. *Limonium suworowii* ist einjährig und wird 50–80 cm hoch, *Limonium sinuatum* zweijährig, 60–90 cm und *Limonium tataricum* mehrjährig, 30–60 cm.

Strohblume *(Helichrysum)* – Sie ist die klassische Trockenblume und blüht in zahlreichen Farben. Sie wird am besten schon in der Knospe geerntet.

Zierkürbis *(Cucurbita pepo »Ovifera«)* – Die Samen dieser einjährigen Pflanze werden vorgezogen und Ende Mai an ein berankbares Gitter gepflanzt. Die Früchte erntet man im Herbst, nachdem sie voll ausgereift sind.

Grundsätzliches zum Sammeln und Schneiden

Die Pflanzen sammelt und erntet man nach Möglichkeit in den Vor- oder Nachmittagsstunden eines schönen Tages. Nicht zu empfehlen sind die Morgenstunden, solange noch Tau auf den Pflanzen liegt, oder regnerische Tage, an denen die Feuchtigkeit der Luft besonders hoch ist. Auch die Mittagszeit an heißen Tagen, wenn die Blumen welk wirken, ist ungeeignet.

Gesammelt werden nur frische, eben aufgeblühte, nicht zu große, einwandfreie Pflanzen, die wohlgeformt und von Insekten nicht befallen sind. Mit einer Schere oder einem Messer schneidet man sie vorsichtig ab und legt sie in einen Korb beziehungsweise Plastikbehälter, damit sie beim Transport nicht gedrückt werden.

Sollen die natürlichen Stiele erhalten bleiben, müssen sie schnell zum Austrocknen gebracht werden, denn die Blüten entziehen ihnen sonst weiterhin Zellsaft, was zu einer unkontrollierbaren und unliebsamen Weiterentwicklung bis zum Verblühen (zum Beispiel bei Strohblumen) führen kann.

Muß das Trocknen aus irgendeinem Grunde aufgeschoben werden, sollten die vorgesehenen Pflanzen und Zweige im Kühlschrank frischgehalten werden. Dies ist im Extremfall bis zu 14 Tagen möglich. Vor dem Einstellen in den Kühlschrank vergewissert man sich, daß weder Tau noch Feuchtigkeit an irgendeinem Teil der Pflanze haften. Sofort nach dem Schnitt gibt man sie dann in eine Plastiktüte, die entweder mit dem Folienschweißgerät luftdicht verschlossen oder mit einem Kreppband abgebunden wird, nachdem man zuvor die Luft vorsichtig mit der Hand herausgestrichen hat. So verpackt können die Pflanzen wirklich zwei Wochen, ohne im Wasser gewesen zu sein, bei der gleichen Entwicklungsstufe ihrer Knospen gehalten werden.

Gratulation

Material:
Meerlavendel *(Limonium tataricum)*, Immortellen *(Lonas)*

Hilfsmaterial:
Bast, Silber- und Steckdraht, Guttacoll, Papiermanschette

Der Strohblumenstrauß kann individuell nach Geschmack und Wohnungseinrichtung zusammengestellt sein, bunt oder nur aus wenigen, farblich abgestimmten Pflanzen bestehen. Bei einem schlichten Strauß verzichtet man auf eine gestaffelte oder artmäßig gruppierte Ordnung. Der Biedermeierstrauß hingegen besitzt eine geometrisch aufgegliederte Fläche. Die Blumen werden ring- oder spiralförmig um die mittlere Blüte geordnet, so daß sich deutlich abgesetzte Farbringe zeigen. Hierfür sind besonders kleine runde Blütenformen geeignet. Ein solcher Strauß gehört dem Typ der Formbinderei an.

Die hier verarbeiteten Immortellen mit ihren gelbleuchtenden Blütenknöpfchen werden speziell als Trockenblumen gezüchtet. Bei der weitverbreiteten wildwachsenden Form sind die Blüten wesentlich kleiner und blaßgelb.

Die Blütchen des Meerlavendels werden gern zur Auflockerung in Trockenblumensträuße eingebunden. Sie sind, dank ihres festeren Zellgewebes, bei weitem nicht so brüchig wie das getrocknete Schleierkraut. Den wildwachsenden Meerlavendel findet man, wie der Name vermuten läßt, am Meer. Geschnitten wird er im August/September, wenn er zartlila blüht.

Um einen besonders schönen Strauß binden zu können, sollte man die verschiedenen Blumen wohlsortiert vor sich liegen haben, ebenso einige Bastfäden sowie Silber- und Steckdraht. Man beginnt mit der mittleren Partie des Straußes und wählt dafür eine Blume mit geradem Stiel. Die linke Hand hält,

die rechte ordnet die Blumen zu. Bei Zunehmen des Straußumfanges achte man darauf, daß alle Blumen in Schräglage in einer Richtung beigefügt werden. So wird der Straußstiel nicht zu dick, und man kann eventuelle Lücken ausfüllen, indem man weiteres Material dazwischenfügt, ohne die gesamte Anordnung verschieben zu müssen. Beim Arbeiten sollte man den Strauß immer wieder drehen, um alle Seiten gleichmäßig gestalten zu können. Die Oberfläche des Straußes kann man durch Höhen- und Tiefenstellung, indem man die eine Blume heraus- und die andere etwas hineinzieht, noch korrigieren. Ehe man ihn endgültig bindet, wird er mit einem Bastfaden zusammengehalten.
Nachdem alle Blumen formschön eingeordnet sind, kaschiert man die Bastumwicklung mit hellgrünem, weißem oder dunkelbraunem Guttacoll. Ganz zum Schluß kann man eine Papier- oder Tüllmanschette über die Stiele ziehen.

Gemeinsamkeit

Material:
Silberlinge *(Lunaria),*
Kapblume *(Phaenocoma prolifera),*
Schleierkraut *(Gypsophila)*

Hilfsmaterial:
Igel, Steine zum Abdecken

Silberlinge, auch als Mondviole oder Mondkraut bekannt, sind zweijährige Pflanzen und können aus Samen gezogen werden. Ihre Früchte, breite, flache Schoten, dunkelgrün bis braun, sind nach dem Reifen von Hand lösbar oder lösen sich selbst. Bei diesem Vorgang fallen die Samenkerne aus. Erhalten bleibt eine silbrig schimmernde Fruchtscheidewand. Das ist genau der Zeitpunkt, zu dem man die Stiele ernten sollte. Für die Trockenblumenbindekunst ist die transparente Scheidewand von besonderem Interesse. In diesem Beispiel wurden zwei Zweige auf dem Igel so angeordnet, daß sie die übrigen Materialien einrahmen.
Die Verbindung zu den exotischen Kapblumen mit weißer Staubgefäßmitte und glänzenden Blütenblättern ist sehr wirkungsvoll, zumal sich die Stiele dieser Pflanze durch ihre flechtenartige Struktur sinnvoll in die Komposition einbeziehen lassen.
Auflockernd und verbindend zugleich sind die weißgefüllten Blüten des Schleierkrauts. Seine vielverzweigten – meist 40 cm hohen Blütenrispen blühen von Juli bis September und sollten in vollgeöffnetem Zustand geschnitten und hängend getrocknet werden. Als zartes Beiwerk zu Trockenmaterial ist Schleierkraut sehr vielseitig zu verwenden; außerdem belebt es die teilweise sehr starr und steif erscheinende Komposition. Man tut gut, sich von dieser Pflanze rechtzeitig einen Vorrat zu schaffen. Zum Trocknen besonders bewährt haben sich die Sorten *Gypsophila elegans* und *Gypsophila paniculata.*

Haltbarmachung von Pflanzen

Seit Generationen beschäftigt man sich mit dem Präparieren von Pflanzen und Blüten. Die im folgenden aufgezeigten bewährten Methoden müssen je nach Beschaffenheit der Pflanze und dem angestrebten Ziel abgestimmt werden.

Hängend trocknen

Einfachstes und ältestes Trocknungsverfahren ist, die Pflanzen aufzuhängen. Hierfür kommen alle Arten in Frage, deren Stiele verhältnismäßig wenig Zellflüssigkeit enthalten und deshalb mitgetrocknet werden können. Es empfiehlt sich, alle an den Stielen sitzenden Blätter abzustreifen, da sie bei diesem Trocknungsprozeß nicht besonders gut erhalten bleiben. Hervorragend geeignete Pflanzen sind zum Beispiel alle Gräser, Statizen, Schafgarbe, Erika, Waldrebe, Hahnenkamm, Artischocke, Stechapfel, Karden- und andere Disteln, Getreide, Schleierkraut, gemeiner Hopfen, Hortensie, Prachtscharte, Immortelle, Silberlinge, Mohn, Lampionblume, Sauerampfer, Kühchenschelle, Mais.
Ihre Stiele werden zu kleinen Bündeln mit Kunstbast zusammengefaßt, anschließend noch mit einem Kreppband umbunden und mit dem Sproßende nach unten aufgehängt. Das Kreppband hat sich bewährt, da es auch beim Schwund des Stielumfanges während des Trocknens die Stiele noch umfaßt, so daß keine durchrutschen können.
Getrocknet wird in luftigen, schattigen, keinesfalls feuchten Räumen. Zu langsames Trocknen beeinträchtigt die Farbe. Ein warmer Platz mit entsprechender Luftzirkulation

bringt die besten Ergebnisse, zum Beispiel Heizungskeller, Dachboden oder der Platz über einem warmen Heizkörper.

Stehend trocknen

Pflanzen, die einen festen, verholzten Stiel haben, wie zum Beispiel Rohrkolben, Pampasgras, Artischocke, Mais, Kardendistel, Nacht- und Königskerze, läßt man möglichst locker stehend in Tonrohren trocknen.
Der herkömmliche Besenginster wirkt noch interessanter, wenn man ihn formt. Vor dem Trocknen taucht man ihn in handwarmes Wasser, um ihn geschmeidiger zu machen. Dann wird er nach mehrmaligem Biegen mit Bast und Draht in der gewünschten Form fixiert. In einem offenen Regal stehend trocknet der Ginster in zwei bis drei Tagen.
Sollen dünne und empfindliche Stiele von Blüten und Fruchtständen erhalten bleiben, trocknet man die Pflanzen in enghalsigen Flaschen. So wird der Blütenkopf von dem Rand getragen und kann nicht abknicken.

Liegend trocknen

Auf einer saugfähigen Unterlage, Lösch- oder Zeitungspapier, trocknet man die Blumenköpfe ohne Stiel oder flach aufliegende Pflanzenteile wie Strohblumen, Silberdisteln, Moospolster, Kiefern-, Tannen- oder Lärchenzapfen, Fruchtstände der Eßkastanie, Flechten- und Baumpilze.
Sollen knospige Artischocken nach dem Schnitt noch voll aufblühen, legt man sie für einige Wochen in eine Schublade.

Trocknen durch Pressen

Einzelne Blätter, kleine Blüten oder Farnwedel werden zwischen saugfähiges Papier gelegt und in schweren Büchern oder in der Pflanzenpresse getrocknet. Man kann sie aber auch unter einen dicken Teppich schieben.

Trocknen mit Wasser

Hortensien trocknen gut und behalten ihre schöne Farbe, wenn ihre Stiele während des Trocknungsprozesses 5 cm tief im Wasser stehen bleiben. Das Wasser darf aber nicht nachgefüllt werden. Ein optimales Ergebnis erzielt man hierbei aber nur, wenn die Blüte, sobald sie Farbe zeigt, abgeschnitten wird. Ebenso trocknet man Heide.

Trocknen mit Warmluft

Vereinzelte Früchte trocknen am besten in einem belüfteten Regal oder noch besser in einem noch handwarmen, aber ausgeschalteten Backofen. Bei Zierkürbissen durchsticht man die harte, feste, äußere Schale mehrmals mit einer feinen Stopfnadel, so daß die Feuchtigkeit des inneren Gewebes entweichen kann. Durch das schnell eingeleitete Trocknungsverfahren erhält man ihnen meistens – das ist allerdings abhängig von der Art der Kürbisse – die Farbe. Bei diesem Prozeß, der je nach Größe der Früchte etwa 12–24 Stunden dauert, verlieren sie wesentlich an Gewicht. Auf gleiche Weise werden Granatäpfel, japanische Quitten, Zitronen und spanischer Pfeffer getrocknet.

Trocknen durch feuchtigkeitsentziehende Mittel

Pflanzliches Material kann auch durch wasserentziehende Chemikalien und Stoffe dauerhaft präpariert werden. Als besonders geeignet hat sich Silikagel (die Betonung liegt auf dem e) herausgestellt. Für einen solchen Trocknungsprozeß, der gleichzeitig mit einigen Kosten verbunden ist, sollten die Pflanzen sorgfältig ausgewählt werden, denn nur dann lohnt es sich.
Seit 1961 macht man Versuche mit Silikagel, einem hygroskopischen (wasserbindenden) Mittel, das bis zu 50 Prozent seines Eigengewichts an Feuchtigkeit aufnehmen kann. Diese polymerisierte Kieselsäure, die mit Kobaltsalzen als Reaktionsanzeiger angereichert ist, wird vielfach in der pharmazeutischen Industrie verwendet. Nach Aufnahme der Feuchtigkeit findet ein Farbumschlag statt; das Silikagel wird violett-rosa bis rot und ermöglicht so eine sichtbare Kontrolle. Es läßt sich jedoch jederzeit wieder im Backofen bei einer Temperatur von 150 Grad regenerieren, allerdings dürfen 180 Grad Wärme nicht überschritten werden. Danach ist es im trockenen Zustand wieder blau. Silikagel gibt es nur in Apotheken und Drogerien zu kaufen.
Besonders zarte und empfindliche Blumen wie Ritterspornblüten, Rosen, Narzissen, Freesien und ähnliche lassen sich auf diese Weise hervorragend präparieren. Für den Hausgebrauch verwendet man hierzu gut verschließbare Plastikdosen, wie sie für Gefriertruhen infrage kommen. Um möglichst sparsam mit dem teuren Silikagel umgehen zu können, schneidet man zunächst in den unteren Teil des Gefäßes einen etwas breiteren Pappring als Stütze zurecht. Darauf wird ein dem Durchmesser angepaßter durchlöcherter Styroporblock gelegt, der zuvor mit

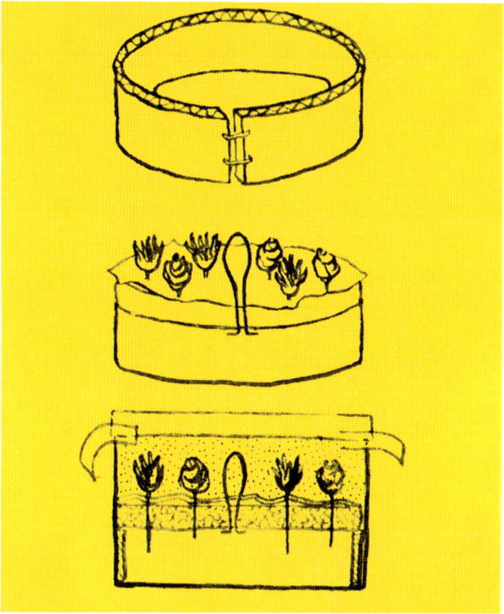

einer Drahtschlinge zum Einsetzen und Herausnehmen versehen wurde. Mit einer dünnen Lage Zellstoff wird abgedeckt. Jetzt steckt man die kurzgeschnittenen Blütenstiele ohne Blätter ein und füllt das Silikagel-Pulver vorsichtig auf, so daß die Blüten gut bedeckt sind. Die Dose sollte bis zum Rand angefüllt sein, damit sie sich luftdicht verschließen läßt. Deckel und Dose werden zusätzlich mit einem Kreppklebeband abgedichtet. Nach ungefähr ein bis zwei Wochen sind die eingelegten Blumenköpfe und Stiele trocken und können aus dem Gel genommen werden. Jetzt sind sie unbegrenzt haltbar, vorausgesetzt man läßt die nötige Sorgfalt walten, das heißt, sie nicht häufig transportiert und ihnen im Anschluß an das Trockenverfahren durch Besprühen mit einem billigen Haarspray einen Schutzfilm gibt.
Weitere Substanzen, in denen man Pflanzen mit Erfolg trocknen kann, sind zum Beispiel Maismehl und Borax. Zu diesem Zweck vermengt man intensiv zehn Teile weißes Maismehl mit drei Teilen Borax. Die Pflanzen werden ähnlich wie beim Silikagel, aufrecht stehend und mit den Köpfen nach oben weisend, von diesem Gemisch bedeckt und trocknen je nach Zellflüssigkeit in zehn bis vierzehn Tagen.
Ist Maismehl nicht vorhanden, so kann man an seiner Stelle auch Sand verwenden. Diesen sollte man zuvor waschen und sieben, damit er leichter und heller wird. Bei schwererem Sand braucht man vier Teile Borax und vier Teile Sand, während man bei feinerem Sand einviertel Borax und dreiviertel Sand nimmt. Bei diesem Gemisch ist es möglich, auch die Blumen mit den Köpfen nach unten weisend zu trocknen. Die erforderliche Zeit für den Trocknungsprozeß läßt sich hier nicht ohne weiteres vorbestimmen. Temperatur und Pflanzenstruktur sowie der Feuchtigkeitsgehalt des Mittels sind entscheidend. Man testet den Trocknungsgrad, indem man die Substanz etwas zur Seite schiebt und die Blütenblätter begutachtet; sie sollen fest und nicht brüchig erscheinen.

Konservieren mittels Blumentauchbad

Mit dem im Handel befindlichen Tauchbad »Blumenzauber« können Blüten form- und farbbeständig haltbar gemacht werden. Zur Anwendung kommen nur frische, geöffnete Blüten. Die Blätter entfernt man und verstärkt den Stiel mit einem Metalldraht. Dann werden die Blumenköpfe etwa eine halbe Minute in die Flüssigkeit getaucht. Entscheidend dabei ist, daß diese an der ganzen Oberfläche der Blütenblätter haftet und die sich in den Zwischenräumen befindlichen Luftblasen verflüchtigt haben. Die überschüssigen Tropfen werden abgeschüttelt. Bei gefüllten Blumen, wie etwa Rosen, trennt man anschließend die zusammenklebenden Blütenblätter vorsichtig mit einem stumpfen Gegenstand. In einen Styroporblock oder Igel gesteckt, können sie nun in einem warmen Zimmer – am besten über der Heizung – trocknen; dies dauert nur wenige Tage. Das Tauchbad ist gut verschlossen aufzubewahren.
Für diese Art der Konservierung prädestinierte Blumen sind Narzissen, Sonnenblumen (Stiel entfernen), Osterglocken, rosa Rosen und viele andere einfache Blumen; komplizierte wie Nelken, Chrysanthemen und Gerbera oder dickblättrige Blüten wie Lilien, Amaryllis und Orchideen eignen sich weniger.

Aufbewahrung und Lebensdauer getrockneter Materialien

Getrocknetes pflanzliches Material ist bis zum endgültigen Gebrauch an einem trocknen, dunklen Ort zu lagern. Lichteinwirkung führt zum Verblassen der Farben und sollte daher vermieden werden.
Bei hängend getrocknetem Material ist das Problem der weiteren Aufbewahrung ausgeschaltet; man läßt die Pflanzen einfach an Ort und Stelle. Um sie vor Staub und Schmutz zu schützen, umgibt man sie mit großen leichten Plastiktüten, wie sie von Reinigungsfirmen her anfallen.
Eine wohlerprobte Möglichkeit der Lagerung für feuchtigkeitsempfindliche und andersartig getrocknete Materialien sind fest verschließbare Kartons, denen man kleine Beutel (kein Plastik) eines Trocknungsmittels (beispielsweise Silikagel) beifügt. Darüberhinaus kann man gleichartige Pflanzenteile in begrenzter Anzahl vorsichtig in verschweißbaren Gefrierschlauchtüten, ebenfalls in Kartons liegend, unterbringen.
Das Aufbewahren in offenen Tonrohren, deren Standfläche man mit Bierdeckeln beklebt hat, oder das Einstecken einzelner Pflanzen auf einen Styropor-Quader hat sich nur für feststielige Pflanzen bewährt.
Bei der Lagerung besonders achtsam zu behandeln sind empfindliche, leicht brüchige Blütenköpfe. Sie dürfen sich keinesfalls berühren.
Die Beständigkeit von Trockenmaterialien ist mehr von der Beschaffenheit und Grundsubstanz der Pflanzen abhängig als von der Art der Konservierung. Blumen, die nur wenige Zellschichten besitzen und beim Trocknen in sehr geringem Maße Feuchtigkeit oder Zellsaft abgeben wie Strohblumen oder Statizen, sind durchaus über mehrere Jahre haltbar. Andere Pflanzen dagegen, bei denen man sich wesentlich mehr Mühe während der Trocknungsphase geben muß, können schon nach einer Saison unansehnlich werden. Deshalb sollte man jedes Jahr neues Material sammeln und für spätere Dekorationen trocknen.

Verschiedene Möglichkeiten der Laubkonservierung

Blätter gibt es in den unterschiedlichsten Formen und im Herbst sogar in leuchtenden Farben. Hier werden einige Möglichkeiten aufgezeigt, sie über längere Zeit haltbar zu machen.

Trocknen durch Pressen

Das Pressen ist eine sehr alte Methode. Die einzelnen Blätter werden zwischen saugfähiges Lösch- oder Zeitungspapier gelegt und bei Luftabschluß durch Gewichte beschwert. Dem Blatt bleiben hierbei Farbe und Form erhalten, aber es wirkt immer leblos, ist brüchig und entbehrt jeglicher Flexibilität.

Trocknen in Glyzerin/Wasser-Lösung

Stellt man herbstlich gefärbte Laubzweige während der Trocknungsphase in eine warme Glyzerin/Wasser-Lösung, dann wird ihnen ein Teil des durch Nährstoffmangel verloren gegangenen Fettgehalts wiedergegeben, so daß die Blätter wesentlich besser am Zweig haften und nicht schrumpeln. Die Konservierung kommt durch die Verdunstung des Glyzerins zustande. Bei diesem Prozeß färben sich die Blätter dunkel.
Geeignete Laub- und Fruchtstände sind die der Buche, Eiche, des Ahorns, Feuerdorns, Sanddorns und der Hagebutte.
Glyzerin und heißes Wasser mischt man im Verhältnis 1:3 oder sogar 1:2 und verquirlt dieses gut. Verholzte Laubzweige müssen neu angeschnitten werden. Der untere Rindenteil wird entfernt, und die Stiele werden nochmals diagonal aufgeschnitten, damit die Lösung besser eindringen kann. Zum Einstellen der Zweige haben sich enghalsige, hohe, vasenähnliche Gefäße bewährt.
Interessante Effekte erzielt man, wenn man nur einen Teil der Zweige so lange in der Lösung läßt, bis die Blätter dunkel geworden sind, den anderen Teil aber so rechtzeitig herausnimmt, daß die Herbstfärbung noch überwiegend erhalten bleibt. Voraussetzung für das Gelingen dieses Verfahrens ist, daß die Lösung über die verholzten Stiele bis obenhin aufgesaugt werden kann. Deshalb dürfen die Zweige nicht länger als ein Meter sein. Außerdem muß noch ein reger Saftstrom Zweige und Blätter verbinden.
Kürzere Blätter und Zweige kann man auch direkt in die Lösung eintauchen. Die einzeln präparierten Blätter werden dann zwischen Löschpapier oder Zeitungslagen getrocknet, so daß sie ebenfalls dauerhaft flexibel, form- und farbbeständig sind.
Will man dieses Zweigmaterial mit frischen Blumen im Wasser stehend arrangieren, so sollte man die unteren Holzstiele – um ein Faulen zu verhindern – in flüssiges Wachs, Nagel- oder Siegellack tauchen. Getrocknete, stumpf gewordene Blattspitzen kann man notfalls auch mit Öl bestreichen.

Aufbügeln von Wachs

Je nach Zielabsicht können vor allem einzelne Blätter gut mit Wachs behandelt werden. Ihre Haltbarkeit ist dann auf etwa ein Jahr begrenzt.
Das Blatt wird sorgfältig zwischen zwei Wachspapieren eingelegt und mit dem Bügeleisen mehrmals abgebügelt. Das Ergebnis ist, daß ein feiner Wachsmantel auf dem jeweiligen Blatt haften bleibt, es so konserviert, ihm die Farbe erhält und ihm eine gewisse Flexibilität beläßt.

Konservieren durch Sand

Das Konservieren im trockenen Sand ist eine ausgesprochen billige Methode und kann für einzelne frische Blätter immer dann angewandt werden, wenn die anderen Verfahren nicht zum gewünschten Erfolg geführt haben.

Links: Trauben- oder Wintereiche *(Quercus petraea)*
Mitte: Buchenlaub *(Fagus sylvatica)*
Rechts: Buchsbaum *(Buxus sempervirens)*

Eine fest zu verschließende Plastikdose wird mit an der Luft oder im Backofen getrocknetem, feinen Sand 2 cm hoch angefüllt. Darauf legt man die ersten Blätter – die sich allerdings nicht berühren dürfen – und gibt dann immer etwa in gleicher Höhe eine Sandschicht darauf. Die Dose ist zum Schluß durch Abkleben des Deckelansatzes mit einem Kreppband fest zu verschließen. Ungefähr nach zwei Wochen sind die Blätter absolut trocken und können für Dekorationen weiter verarbeitet werden.

Skelettieren

Das Skelettieren von Pflanzenteilen geschieht in der Natur durch Witterungseinflüsse und Mikroorganismen, die die Weichteile der pflanzlichen Struktur zersetzen (Mazeration). Dadurch fällt das Chlorophyll aus, Blattober- und Unterseite fallen ab und zurück bleibt das feste Haarnetz der Blätter – ein wahres Filigranwerk.

Diesen Vorgang kann man durch verschiedene chemische Lösungen künstlich herbeiführen. Reife, unbeschädigte Blätter von Efeu, Lorbeer, Magnolien und sogar die aufgeblasenen Hüllblätter der Lampionblume sind hierfür geeignet.

- Man gibt in einen Topf auf 2 Liter Wasser 300 Gramm Waschpulver und legt die Blätter, sobald die Lauge kocht, hinein. In dieser Lösung läßt man sie 35 Minuten leicht wallen. Anschließend nimmt man sie heraus und hält sie vorsichtig unter fließendes Wasser, um den grünen Schleim, das Chlorophyll, abzuspülen. Auf einer saugfähigen Unterlage, zum Beispiel Zeitungspapier, trocknet man die Blätter ab und klopft sie von beiden Seiten vorsichtig mit einer alten Zahnbürste ab, so daß die Flächen zwischen den Nerven herausfallen und ein interessantes filigranes Netz entsteht.
- 30 Gramm Soda in 1 Liter kochendem Wasser lösen und wieder zum Kochen bringen. Dieser Lauge werden dann 50 Gramm gelöschter Kalk hinzugefügt; sie muß weitere 15 Minuten kochen. Anschließend wird die schäumende Flüssigkeit abgegossen und der Rest erneut zum Kochen gebracht. Jetzt gibt man die Blätter hinzu und kocht sie ungefähr 1 Stunde. Notfalls ist das verdunstete Wasser nachzufüllen. Nach der angegebenen Zeit werden die Blätter herausgenommen und die Zellmaterie wird durch vorsichtiges Klopfen auf einer festen Unterlage abgelöst, so daß sich Blattfläche und Adern trennen.
- Für besonders zarte Blätter hat sich das folgende Rezept bewährt: Die reifen geernteten Blätter werden für eine Stunde in eine Lösung aus 3 Eßlöffeln Chlorix (flüssige Bleiche) und $1^1/_2$ Liter Wasser gelegt. Nach dem Herausnehmen spült man die Blätter ab und versucht wieder, die Zellmaterie durch Klopfen mit einer harten Bürste zu entfernen.

Für die weniger Experimentierfreudigen gibt es skelettierte Blätter im Fachhandel, vor allem in Kunstgewerbegeschäften, zu kaufen. Und in der Regel wird man die Mazeration auch nur selten so perfekt zustande bringen, wie sie uns bei den käuflichen Blättern angeboten wird.

Zarter Gruß

Material:
Skelettierte Magnolienblätter *(Magnolia)*, Zierlauch *(Allium)*, Immortellen *(Lonas)*

Hilfsmaterial:
Steckschwamm, Klebstoff, Rameeband, Ostereierfarbe

Die Art und Weise des Schenkens, der äußere Rahmen, die originelle Verpackung sind für viele Menschen Zeichen persönlicher Verbundenheit. Das Geschenk in einer hübschen Umhüllung soll, je nachdem, wie man zu dem jeweiligen Menschen steht, Wertschätzung, Verehrung, Dankbarkeit, Freundschaft oder Liebe ausdrücken und ihm Freude bereiten. Eine liebevoll eingewickelte Gabe, mit einem Blumengruß dekoriert, löst bestimmt eine freudige Überraschung aus. Hierzu ist nicht unbedingt ein vollständiges und lösbares Trockengesteck erforderlich; wenige Blütenblätter, vereinzelte Gräser, Blätter oder Blumen ansprechend aufgebunden, erfüllen den gleichen Zweck. Die Pflanzenteile können gestaffelt zusammengebündelt aufgeklebt werden oder eine eigene Unterlage erhalten, bestehend aus einer leeren halben Austernmuschel oder einem kleinen Bastuntersetzer.
Die nebenstehende Trockenblumen-Aufmerksamkeit wurde in ein eiswürfelgroßes Stück Oasis-Steckschwamm gearbeitet. Der Schwamm wird aufgeklebt oder durch das ausschmückende Band gehalten.
Wie ein Hauch, so zart und duftig wirken skelettierte Magnolienblätter. Sie geben zierlichen Blumen und pastelligen Blütenfarben einen eleganten Rahmen. Vorzugsweise kombiniert man sie in Geschenkdekorationen, die für Damen bestimmt sind. Je nach farblicher Zusammenstellung des Arrangements beläßt man die gekauften oder nach Rezept skelettierten Magnolienblätter im Naturton oder taucht sie in eine entsprechende Eierfarbenlösung.
Darüber hinaus gibt es unverpackte Geschenke, die sich ebenfalls ansprechend in eine dafür erdachte Blumenkombination einfügen. So kann zum Beispiel die Dekoration für eine Flasche Schnaps unter dem Motto »Korn zu Korn« stehen. Mit Ähren verschiedenster Art, deren Stiele zum Teil durch Einführung von Steckdraht stabilisiert werden und sich dadurch schwungvoll biegen lassen, wird der äußere Rahmen der Anordnung geschaffen. Weiter können getrocknete Wacholderbeeren mit dunkelblauen Statizen und aufgeschnittenen Mohnkapseln zugeordnet werden. Den Mittelpunkt dieses Schmucks sollte das Geschenk bilden, das allerdings absolut standfest eingearbeitet sein muß. So kann beispielsweise die Flasche auf einem einfachen, mit Dekofilz bezogenem Holzbrett und durch mehrere ringsherum eingeschlagene Dekorationsnägel gesichert, unverrückbar stehen.
Sollen Blumen direkt an einer Flasche befestigt werden, nimmt man große oder kleine Oasis-Kugeln, die mit einer großen Schleife am Flaschenhals anzubringen sind und sich phantasievoll mit Trockenmaterial verzieren lassen.

Magie

Material:
Blätter der Metzgerpalme
(Aspidistra elatior)

Hilfsmaterial:
Gummiringe oder Bast,
Blumenspirale,
eventuell Glyzerin/Wasser-Lösung
und Autolack

Das tänzerische Bewegungsspiel der schmalen Aspidistrablätter wirkt faszinierend. Es handelt sich hier um eine dauerhafte Komposition, deren Form und ausgewogene Ton-in-Ton-Abstufung sich mit dem Gefäß harmonisch vereinen.

Die Aspidistra- oder Metzgerpalme ist hierzulande eine ungewöhnlich widerstandsfähige Zimmerpflanze. Sie stammt aus Japan, liebt den kühlen Schatten und gedeiht selbst in dunklen Treppenhäusern. Um die Jahrhundertwende war sie weit verbreitet, dann geriet sie in Vergessenheit. In letzter Zeit findet man sie wieder häufiger auf dem Markt. Ihren sonderbaren Namen verdankt sie dem Umstand, daß sie – oft in Metzgereien zur Dekoration aufgestellt und zu Prachtexemplaren herangewachsen – mit Fleischbrühe gegossen wurde.

Die papierdünne Blattfläche der langstieligen eleganten Blätter ist für jeden künstlerisch veranlagten Menschen von vielfältiger Aussage. Der große Anwendungsbereich wird im Ikebana speziell gelehrt. Die interessanten Blätter sind frisch als auch getrocknet stets attraktiv.

Um dem zu trocknenden Blatt eine lebendige Linienführung zu verleihen, sollte man es gleich nach dem Schnitt von der Spitze her aufrollen, mit einem Gummiring oder Bastfaden zusammenhalten und so über Nacht im Wasser stehen lassen. Das hierdurch flexibel gewordene Blatt erweist sich nun als formfähig. Je nach Gestaltungsabsicht wird es engtüllig von der Spitze bis zum Stielansatz oder schmal von der Längsseite her über einen dünnen Stab gerollt. Sobald die gewünschte Form erzielt ist, kann man mit dem Arrangieren beginnen. Eine Blumenspirale – im Vasenhals verankert – gibt den nötigen Halt. Die zu diesem Zeitpunkt noch frischen Blätter trocknen allmählich aus. Während dieser Phase spielt der Standort eine bedeu-

tende Rolle. Je nach einfallender Lichtintensität auf die gedrehten und gebogenen Blätter bleichen sie unterschiedlich stark aus, so daß die verbleibende Farbskala vom ursprünglichen Grün über Ockergelb bis zum tiefen Braun reichen kann. Diese erstrebenswerten warmen Herbsttöne beleben durch ihr verschiedenartiges Mischungsverhältnis die dauerhafte Komposition. Will man eine überwiegende Grünschattierung erhalten, wird ein schattiger Platz ausgewählt. Zusätzlich kann man das Aussehen der getrockneten Blätter auch mit farbigem Autolack verändern.
Aspidistrablätter werden gern als ausschmückendes Beiwerk mit verschiedenen Frischblumen verarbeitet, da sie sich bis zu vier Monaten im Wasser halten. Allerdings schrumpeln sie während dieser Zeit ein und werden brüchig; ein anschließendes Weiterverarbeiten zum Trockenschmuck ist dann nicht mehr möglich. Um dies zu verhindern, stellt man sie vor der Verwendung für ungefähr eine Woche in eine Glyzerin/Wasser-Lösung im Verhältnis 1:3. Dabei ist die Flüssigkeitsmenge insgesamt auf 1/4 Liter zu begrenzen.
Sehr reizvoll ist eine Kombination aus frischen, getrockneten und gefärbten Blättern. Für moderne, extravagante Kreationen verändert man außerdem vielfach die Blattform, indem man sie in noch frischem Zustand ein- oder aufschlitzt (siehe Zeichnung).

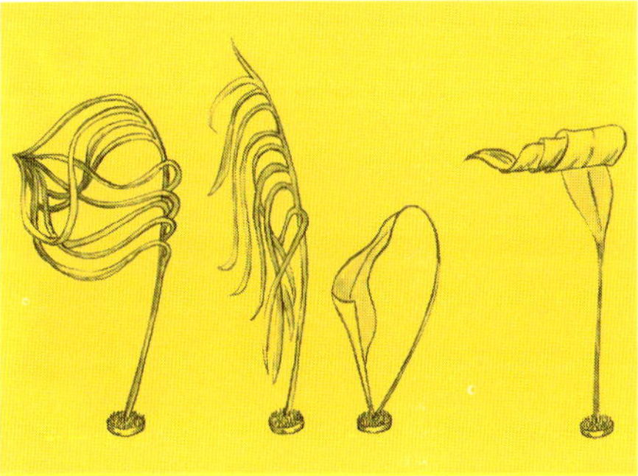

Wuschelkopf

Material:
Heidekraut *(Erica)*, Statize *(Limonium)*, Weideröschen, *(Epilobium angustifolium)*

Hilfsmaterial:
Bast, Haarspray, Schere

Der sich durch den Trocknungsprozeß ergebende Farbton bleibt diesen Materialien erhalten, wenn man sie nicht direkt dem Sonnenlicht aussetzt; das Abrieseln verhindert man durch Einsprühen mit Haarspray. Zu der leicht gedrungenen kompakten Straußform passen rustikale bäuerliche Gefäße wie hier der Schmalztopf. Bei der Zusammenstellung ist darauf zu achten, daß man gleichartiges Material gruppiert und nicht isoliert. Gleichzeitig sind fließende Übergänge zu den übrigen Pflanzenteilen zu berücksichtigen.
Erika kann man von Juli bis September abschneiden. Am ausdrucksvollsten wirken die gefüllten Sorten. Besonders vielseitig läßt sich die hier verarbeitete weiß-bläulich blühende Art *Limonium latifolium*, eine Staudenstatize, verwenden. Das Weideröschen mit seinem filigranen, bizarren Aussehen wächst auf Kahlschlägen und in der Heide. Es ist ausschließlich für den Trockenblumenschmuck geeignet. Je nach Erntedatum kann es noch mit silberweißen, fedrigen Samen besät sein oder, wie hier, völlig abgeweht und ausgebleicht. Die Zusammenstellung wurde so gebunden, daß die drei Materialien dreieckförmig den Strauß aufgliedern.

Nachtmusik

Material:
Rosen *(Rosa),* Statizen *(Limonium sinuatum),* Schleierkraut *(Gypsophila),* Eukalyptus *(Eucalyptus),* Kerzen

Hilfsmaterial:
Bast, Kreppband, Ostereierfarben, Mosy, Alufolie

Beim Anblick dieses farbenfrohen Tischgesteckes ist die Frage berechtigt, inwieweit es möglich ist, Rosen, natürlich wirkend, dauerhaft zu präparieren. Im Grunde genommen ist es sehr einfach, wenn man speziell für diese Blume folgendes berücksichtigt: Zum Trocknen eignen sich in erster Linie rosa bis rote Farbtöne. Man kauft die Rosen in halbgeöffnetem, knospigen Zustand mit möglichst schönem Blattwerk. Zum Schnitt im eigenen Garten sollte man die Morgenstunden eines trockenen Tages wählen. Dann werden die Blütenstiele unter Wasser neu angeschnitten, die Blätter, soweit sie ins Wasser hineinreichen, entfernt und die Blumen für ein bis zwei Tage in kaltes Wasser, dem man ein Frischhaltemittel beigefügt hat, gestellt. Nach dieser Zeit werden die Stiele abgetrocknet und die Rosen einzeln mit den Köpfen nach unten in einem warmen Heizungskeller aufgehängt. Nach acht bis zehn Tagen sind sie als Trockenblumen verwendbar. Da die Rosenblätter bei diesem Prozeß stark schrumpeln, werden sie vor der Weiterverarbeitung geglättet, indem man sie für eine halbe Stunde in eine warme Glyzerin/Wasser-Lösung im Verhältnis 1:5 taucht.

Völlig unkompliziert zu präparieren sind die Statizen. Durch ihr wasserarmes Gewebe sind sie als Trockenblumen geradezu prädestiniert. Rechtzeitig geschnitten und hängend in einem feuchtigkeitsarmen Raum getrocknet, bleibt ihnen Form und Farbe weitgehend erhalten.

Beim Trocknen von Schleierkraut ist während des Bündelns und Aufhängens auf die filigrane Struktur der Blütenzweige zu achten. Gefärbt wird im getrockneten Zustand durch Eintauchen der Blüten in ein Ostereierfarbbad oder durch Einlegen in eine Anilinfarblösung.

Die getrockneten Eukalyptuskapseln schaffen eine harmonische Verbindung zwischen Glas, Pokal, Arrangement und Kerzenschmuck. Die Kerzen bilden, sichtbar gestuft, um Kerzenstärke versetzt, senkrecht stehend den Mittelpunkt der Anordnung.

Ein Glaspokal oder ein schlichtes Weinglas befindet sich wohl in jedem Haushalt. Solche neutralen Gefäße passen sich jeglichem Geschirr an. Die Befestigung dieses Trockengesteckes kann Waldmoos, Mosy oder ein Igel, der durch Einwickeln in Alufolie verkleidet wurde, sein. Die aufstrebende Form macht eine elegante Linienführung möglich, die durch Beifügung langer schmaler Steckkerzen noch graziler wird.

Im Verhältnis zu den üblichen Trockengestecken wirkt diese Komposition ausgesprochen farbintensiv und ist so natürlich, daß man sie von einem Frischblumenschmuck kaum unterscheiden kann.

Kreutzersonate

Material:
Gräser *(Deschampsia caespitosa)*,
Hortensien *(Hydrangea aspera var. sargentiana)*

Hilfsmaterial:
Igel, Kreppband, Haarspray, Klebstoff

Den Gestaltungsmittelpunkt bildet die Gräsergruppe, deren filigrane Schönheit bei Sonnenlicht oder künstlicher Beleuchtung besonders gut zum Ausdruck kommt. Die eigenwillige Wuchsform des langen Hortensienzweiges bleibt in Anlehnung an die Hauptlinie, die bei Gräsern dreimal Durchmesser plus Höhe des Gefäßes mißt, voll erhalten. Die Basis wird durch mehrere Hortensienblüten betont.
Bevor die halbkugelförmigen, flachen Blütenrispen der Hortensie in einem Trockengesteck Verwendung finden, müssen sie mindestens zwei Wochen am Strauch gewachsen und ausgereift sein. Anschließend stellt man sie 5 cm tief ins Wasser. Dadurch färben sich ihre kleeblättrigen kleinen Blüten besonders schön und erscheinen auf der einen Seite karminrot, auf der Gegenseite grünlich-weiß. Mit einigen Tropfen Klebstoff kann man diese Gegebenheit nach dem Trocknungsprozeß zu einer interessanten Variante verarbeiten, indem man einmal die farbenkräftige, einmal die dezent getönte Blütenseite nach oben dreht.
Die hier verarbeiteten Ziergräser wurden zunächst hängend getrocknet und anschließend mit Haarspray besprüht. Um sie leicht und duftig bündeln zu können, werden sie dicht nebeneinandergelegt und so sortiert, daß sich die Rispen in unterschiedlicher Länge ineinanderfügen; die Stielenden begradigt man auf gleiche Ebene. Durch mehrfaches Umwickeln mit Kunstbast werden die Halme fest zusammengebunden und mit einem kräftigen Handgriff an der gebündelten Stelle aufgefächert, damit alle Gräser voll zur Geltung kommen.

Gefäße, Basismaterialien, Hilfsmittel, Arbeitstechniken

Gefäße und Unterlagen

Neben den Gefäßformen aus Keramik, Ton, Kupfer, Messing und Zinn kommen auch solche aus Bast oder Flechtwerk in Frage. Ebenso beliebt sind Gebrauchsgegenstände aus Holz, zum Beispiel ein Butterfaß, kleine Dosen und ähnliche Behälter.
Verhältnismäßig selten verwendet man elegant geformte Glas- und Porzellangefäße, da sie kaum mit den etwas rustikal wirkenden Trockenblumen in Einklang zu bringen sind.
Darüber hinaus wählt man als Unterlage für Trockenblumenschmuck gern ein natürliches Ausgangsmaterial, wie ein apart geformter, schön marmorierter Stein, eine interessant strukturierte Kiefern-, Birken- oder Korkrinde, ein Baumpilz oder ein gegabelter Zweig, große oder kleine Muscheln, Marmor- und Schieferplatten, Korallen, Fruchtstände von Flaschenkürbis oder Aloe, »Palmschoten« oder Kokosnußhälften, auch sternartig zusammengedrahtete Tannenzapfen sowie versteinerte Amoniten, gehobelte gemaserte Holzstücke oder Finnspanornamente. Diese natürlichen Unterlagen haben den Vorteil, daß sie sich in die Komposition wie von selbst einfügen und kaum Kosten verursachen.

Basismaterialien

Oasis-Knet, Knety und Pinkitt sind leicht modellierbare Massen, die sich je nach Größe und Gewicht des geplanten Trockengesteckes zu einer tennisball- oder faustgroßen Kugel formen lassen. In glatte Vasen und Schalen aus Keramik, Ton, Porzellan oder Glas kann die Knetmasse einfach eingedrückt werden, während bei Korkplatten, Baumscheiben, Wurzeln oder Muscheln, die weder staubfrei noch glatt sind, ein Kontaktstift erforderlich ist. Für unempfindliche Unterlagen genügen herkömmliche Stahlstifte oder Nägel, auf die die Steckmasse aufgedrückt wird. Als praktisch hat sich der im Handel befindliche Pinholder, ein Plastikstift mit vier Dornen, erwiesen. Er kann sowohl auf Holz genagelt als auch mit Oasis-fix, einer außerordentlich kontaktfreudigen Klebemasse, auf jedem anderen Material befestigt werden. Dazu ein kleiner Hinweis: Wird die Masse vor dem Aufkleben unten angeflammt, entsteht eine stabile Verbindung zur Unterlage.
Je nach Stärke und Stabilität des zu verwendenden Trockenmaterials wählt man die Steckmasse: für holzige, feste Stiele und Zweige und für schwere Pflanzen Oasis-Knetmasse, Knety oder Pinkitt; für dünnstielige, leichte Materialien Oasis-Steckschaum oder Mosy; für mittelstarkes und gemischtes Pflanzenmaterial die etwas festere Substanz von Oasis-sec oder Poron. – Oasis-Steckschaum gibt es in kleinen handlichen Vorpackungen als Block, halbrund oder in der beliebten Ringform, die sich beispielsweise für einen Geburtstagskranz auch zum Einarbeiten von Frischblumen eignet. Wie die Abbildung zeigt, gibt es Oasis-sec in den verschiedensten Formen: als Pyramide, Kugel oder in Würfel- und Quaderform, und das sowohl in grauer als auch in grüner Farbe. Der graue Grundton ist wesentlich unauf-

fälliger. Er wird deshalb gern für Glasgefäße gewählt.
Eine extra sichere Steckunterlage ist der Iglu; er besteht aus einer Schwammasse (Mosy), die durch ein Kunststoffgitter zusammengehalten wird. Dieser Befestigungskörper ist mit den Durchmessern 50 und 66 Millimeter erhältlich. Mit Oasis-fix kann er auf Glas, Metall und Holz geklebt werden, läßt sich aber auch auf Holz nageln oder mit dem Tacker einschießen. Sehr gut ist er für hängende Dekorationen geeignet. Der Iglu bietet für alle zu transportierenden Arrangements sicheren Zusammenhalt und Stabilität und ist in der Handhabung äußerst bequem.
Töpferton kommt vorzugsweise dann zur Anwendung, wenn man in möglichst wenig Befestigungsmasse schwere Pflanzenteile einarbeiten möchte. Mit der Unterlage benötigt er immer eine absolut feste Verbindung, sei es durch Stahlstifte, Nägel, festgeklebte Pinholder oder durch Anwickeln mit Wickeldraht. Töpferton kauft man in Hobby- und Bastelgeschäften oder direkt in Töpfereien. Er muß in luftundurchlässigen Folien verpackt und in kühlen Räumen aufbewahrt werden, damit er formbar bleibt.
Für Trockenblumenschmuck, der in Übertöpfen oder einfacheren Gefäßen eingearbeitet werden soll, kann man als Steckmasse beziehungsweise als Befestigung auch Moltofill verwenden. Der laut Packungsanweisung angerührte Brei wird in das Gefäß gegossen. Zehn bis zwanzig Minuten danach beginnt er allmählich fest zu werden. Jetzt kann man die Blumen, Gräser und Zweige einstecken. Nach dem völligen Aushärten dieser Gipsmasse wird die sichtbare Fläche mit Moos oder Baumflechten abgedeckt oder, je nach Dekoration, auch mit Plakafarbe belebt. Ein Herausziehen der Zweige und Blumen zu einem späteren Zeitpunkt ist wie auch beim Töpferton nicht mehr möglich.
Mit Moos lassen sich nicht nur künstliche Steckmassen gut abdecken; es wird auch als Befestigungskörper eingesetzt. Da die einzusteckenden Pflanzenteile einen sicheren Stand haben müssen, muß das Moospolster sehr fest gewickelt sein. Man preßt zwei Hände voll Moos zu einem faustdicken Ballen, unterlegt ihn mit einem Stück Folie, steckt von oben den Wickeldraht ein und wickelt ihn fest um das Polster.
Als eine weitere Befestigungsmöglichkeit bietet sich der japanische Kenzan an. Er besteht aus einer Bleisilamonplatte, die mit vierkantig geschliffenen Messingstiften dicht bestückt ist. Der Handel führt ihn in verschiedenen Formen als Igel. Dieser Igel ist relativ teuer und wird für Trockengestecke nur selten verwendet, weil er dann für längere Zeit blockiert bleibt.
Will man Trockenblumen als Strauß in der Vase anordnen, nimmt man hin und wieder die Blumenspirale zu Hilfe. Dieser etwa ein Meter lange und drei bis sechs Millimeter starke Draht besteht aus einer bleihaltigen Legierung und ist daher weich und geschmeidig. Ein Ende wird zu einem Haken geformt und am Vasenrand eingehängt, der verbleibende Teil, in schleifenförmigen Windungen gebogen, füllt den Vasenraum aus. Die Blumenstiele werden dann durch die mehrfach übereinanderliegenden Schleifen der Blumenspirale geführt und finden mit ihren Stielenden an den Wandungen Halt.

Tips und Arbeitstechniken

- Einzelne bereits getrocknete Pflanzenteile kann man zusätzlich durch Eintauchen in Wasserglas oder Elefantenhaut präparieren. Auch das Besprühen mit Haar-, Lack- oder Wachsspray hat sich bewährt. So bleibt die Farbintensität der Blüten erhalten.
- Stumpf gewordene Blätter bekommen neuen Glanz, wenn man sie mit Öl bestreicht oder mit farblosem Lackspray besprüht.
- Gedrückte Pflanzenteile oder Blumen gewinnen über Wasserdampf ihre natürliche Form zurück, müssen anschließend jedoch wieder getrocknet werden.
- Staubiges Trockenmaterial kann man kurz durchs Wasser ziehen, um es wieder frisch aussehen zu lassen. Ein anschließendes Trocknen ist auch in diesem Fall erforderlich.
- Um stiellose Strohblumen möglichst natürlich verarbeiten zu können, wird ein gerader, beidseitig zugespitzter Steckdraht von oben durch den weichen mittleren Staubgefäßekranz (Fruchtboden) eingeführt, am oberen Ende zu einem Haken geformt und soweit zum Anschlag zurückgezogen, bis er nicht mehr zu sehen ist. Besonders leicht läßt sich diese Technik des Andrahtens an frischen Strohblumen vornehmen. Getrocknete Blüten sollte man – wie den Sauerampfer – kurz über Dampf halten, damit Fruchtboden und Blütenblätter nicht ausbrechen. Um den technischen Kunstgriff zu kaschieren, stülpt man einen Stroh- oder Grashalm vom unteren Drahtende her bis zum Blütenkopf über. Der neugestaltete Stiel läßt sich nun sogar noch etwas biegen.
- Trockene Pflanzenstiele kann man über Wasserdampf weich und biegsam machen.
- Früchte, wie Zierpaprika und Hagebutten, taucht man in flüssiges Kerzenwachs, um sie farbbeständig zu erhalten. So läßt sich auch das Schrumpeln weitgehend verhindern, da die Verdunstungsfläche durch den Wachsmantel versiegelt ist.
- Kiefern werden immer im frischen Zustand und als ganzer Zweig verarbeitet. Man taucht sie zuvor in eine Zuckerlösung, die aus 300 Gramm Zucker und 1 Liter Wasser hergestellt wird.
- Gewürzkränze und alle stark duftenden Pflanzenteile wie Eukalyptus lassen sich über Wasserdampf immer wieder neu beleben.
- Taucht man selbstgetrockneten Farn vor der Verarbeitung kurz in eine Glyzerin-

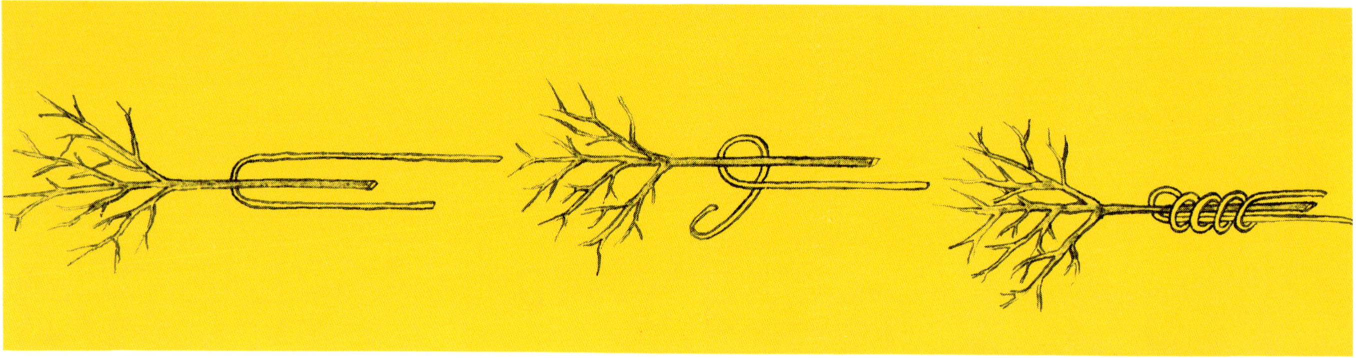

Wasser-Lösung mit dem Verhältnis 1:5, so erhält das brüchig und spröde gewordene Material einen Teil seiner Flexibilität zurück und läßt sich formvollendet in ein Arrangement einfügen.

- Holzpilze und Wurzeln werden nach dem Säubern mit einem Ungeziefermittel, beispielsweise Xylamon, behandelt.
- Schwache Blütenstiele verstärkt man nach dem Trocknen. Unterhalb der Blüte beginnend wird ein Steckdraht angelegt und gemeinsam mit dem Stiel von oben nach unten mit Guttacoll oder Kreppband umwickelt.
- Bei schwachen und stark verzweigten Blütenständen verstärkt man das einzusteckende Stielende mittels einer Krampe. Ein etwa 12 cm langes Stück Stütz- oder Wickeldraht wird zu einer Krampe geformt, wobei das eine Ende 5 cm und das andere 8 cm lang ist. Den Bogen der Krampe legt man nun etwa 1,5 cm vom unteren Ende des Stiels gemessen unter den Trockenstengel. Dann wird das längere Drahtende um den Blumenstiel und das kürzere Ende gewickelt, dabei zieht man den Draht möglichst fest an.
- Kiefernzapfen, die man aufsägen oder aufschneiden möchte, legt man am besten auf den Heizkörper, damit sich ihre Schuppen vollständig öffnen. Erst dann kann man den Zapfenstrunk sauber durchtrennen, ohne die Schuppen zu verletzen.
- Bei tiefen Schalen sollte die Gefäßhöhe immer mit Kieselsteinen verringert werden, da sonst eine elegante Linienführung im Arrangement nicht zu erzielen ist. Dies trifft vor allem bei der Verwendung von Trockenblumen zu, da ihre Stiele sich durch Biegen nicht mehr verändern lassen. Die Kieselsteine werden mit einer starken Folie oder einem Brettchen abgedeckt, um eine standsichere Fläche für die Steckmasse oder den Igel zu bekommen.
- Die durch Konservieren fahl gewordenen Naturtöne der Blätter und Blüten kann man mit Dekospray auffrischen.
- In getrocknetem Zustand färbt man Schleierkraut, Schafgarbenblüten, Gräser, Äste und Wurzeln; in frischem Zustand Eukalyptus; Laub durch Einstellen in eine Glyzerin-Anilinfarblösung.
- Trockenmaterialien kann man mit Autolack, Wasser-, Ostereier- oder Anilinfarben färben, indem man die Pflanzenteile in die Farblösung taucht.

  Plastikcolor ist ein neues Imprägnier- und Färbemittel, das auf der Basis einer elastischen Kunststoff-Dispersion und sofort färbender Kontaktfarbe aufgebaut ist. Durch den Kunststoffüberzug erhalten Statizen, Disteln, Eriken, Weidenkätzchen und ähnliche Pflanzen einen zusätzlichen Halt. Plastikcolor gibt es in acht verschiedenen Farbtönen, die sich alle untereinander nach Belieben mischen lassen. Im Handel sind die Farben Weiß, Grün, Rosa, Orange, Blau, Gelb, Erika. Weiß benutzt man vorzugsweise zum Färben von Schneezweigen und für alle Dekorationen, die ein winterliches Aussehen erhalten sollen.

  Die Anwendung ist einfach: Plastikcolor und Wasser werden im Verhältnis 1:1 gemischt; das Material wird in diese Lösung getaucht. Ist der Farbton zu kräftig, verdünnt man solange mit Wasser, bis die gewünschte Färbung erreicht ist. In verschlossenen Gläsern (keine Metallgefäße benutzen!) ist die Farblösung lange Zeit haltbar.
- Alle getrockneten Pflanzen, die mit Frischblumen kombiniert werden sollen, imprägniert man am Stielende gegen das Eindringen von Wasser. Die Stiele werden mindestens vier Zentimeter tief in Nagel- oder Bootlack getaucht, beziehungsweise mit einem Isolierband in möglichst neutralem Farbton abgewickelt.
- Harz an den Händen entfernt man am besten mit Margarine.
- Reste und Flecken von Guttacoll sind leicht mit Aceton beziehungsweise mit Nagellackentferner zu beseitigen.

Zuneigung

Material:
Alpendisteln *(Eryngium alpinum)*,
Schafgarbe *(Achillea)*

Hilfsmaterial:
Blumenspirale, Haarspray,
gelbe Wasserfarbe, Pinsel

Das hier verwendete, eigenwillig geformte Gefäß gab den Impuls zu dieser Materialzusammenstellung. Die ruhigen, dezenten Farbtöne vom gedämpften Gelb der drei konzentriert an der Basis des Gestecks arrangierten Schafgarbenblüten bis hin zu den hellbraunen Alpendisteln, deren Randzonen von den dunkelbraunen Blüten eingerahmt sind, harmonieren gut mit der erdfarbenen, rustikalen Vase. Auf der aufwärtsstrebenden Linie, die andeutungsweise die runde Gefäßseite verlängert, liegt die Betonung der Anordnung. Den Schwerpunkt bildet die Vasenplastik. Aus einer wuchtigen Form müssen die Pflanzen füllig und kompakt herauswachsen und sich zur Spitze verjüngen. Im Gegensatz zu der aufstrebenden Linie wird die zweite, etwas angewinkelte, kürzere relativ leicht gestaltet. Auch sie versucht, Verbindung zu dem Gefäß zu nehmen. Alle Pflanzenteile werden durch die in schleifenförmigen Windungen eingehängte Blumenspirale befestigt.
Der besondere Charakter der Alpendistel beruht auf der robusten, fast starr erscheinenden Struktur ihrer dornigen Hochblätter. Ihr sparrig verästelter Stengel trägt mehrere Blüten. Die grünlich bis silbergrauen Blütenköpfe und Hochblätter dieser Pflanze trocknen im heißen Sommer schon am Stiel und zeigen sich dann in hellen bis dunkelbraunen, warmen Farbtönen. Ist der erforderliche Trocknungsgrad noch nicht erreicht, so werden sie gebündelt hängend nachgetrocknet. Das Besprühen mit Haarspray ist hierbei empfehlenswert.
Die doldenförmige Schafgarbe kann man weißblühend auf trockenen Wiesen und Schuttplätzen als wildwachsende Pflanze finden. Sie läßt sich besonders gut trocknen. Durch die zunehmende Beliebtheit des dauerhaften Blumenschmucks sieht man sie in den Sommermonaten immer häufiger erst frisch und dann in Trockendekorationen verarbeitet. Für solche Arrangements eignet sich vorzüglich die gezüchtete Sorte »Parkers Variety«. Die große hellgelbe bis dunkle Blüte sollte ebenfalls hängend getrocknet werden. Vor diesem Prozeß sind die Blätter vom Blütenstiel abzustreifen. Mit ein paar Pinselstrichen Wasserfarbe läßt sich der Farbton je nach Wunsch leuchtender oder matter variieren.

Ursprung

Material:
Drachenweide
(Salix sachalinensis »Sekka«),
Schafgarbe *(Achillea),*
gefärbtes Buchenlaub *(Fagus)*

Hilfsmaterial:
Schilfmatte, Steingutschale, Silberdraht, Schere, Igel, rote Anilinfarbe, Steine

Mit etwas Phantasie kann man aus vielen häuslichen Gegenständen eine individuelle, gefäßähnliche Basisausschmückung schaffen. In diesem Beispiel werden die gegenüberliegenden Ecken einer rechteckigen Matte so gegeneinander geführt, daß ein

muldenförmiges Gebilde entsteht. Um diese Form möglichst interessant zu gestalten, wird an der Längsseite des Rechtecks, ausgehend von den Ecken, die nach oben geführt werden, etwa ein Drittel der Strecke nach innen abgemessen und die dabei entstandenen Punkte mit Silberdraht verbunden, so daß die Ecken – links und rechts vom Verknüpfungspunkt – gerade nach oben stehen (Abb. Seite 34 links oben). In den entstandenen Hohlraum wird eine passende Schale mit Kenzan eingeschoben (Abb. Seite 34 rechts oben).
Der Aufbau des Gesteckes erfolgt Schritt für Schritt. Zunächst wählt man die Zweige für die beiden längsten Linien aus. Die eigenwillig gewachsenen Zweige der Drachenweide mit ihren breit verbänderten Trieben werden so in den Igel gesteckt, daß ihre unteren Stiele ziemlich dicht nebeneinander, wie aus einem Punkt herauswachsen. In einem großen Bogen führen die Zweige zunächst auseinander, um sich dann in den Spitzen wieder kreisförmig zu nähern (Abb. Seite 34 links unten).
In verschiedenen Höhen begleiten die gelbleuchtenden Blüten der Schafgarbe die aufstrebende Hauptlinie. Die längste Blume endet unmittelbar unterhalb des zur Verstärkung eingesetzten Weidenzweiges, der dem Arrangement die gewünschte Tiefenwirkung gibt. Verhältnismäßig kurz über der gerollten Matte wurden die rot gefärbten Schafgarben eingesteckt. Diese Pflanze kann nur im trokkenen Zustand gefärbt werden; dies geschieht durch Eintauchen in ein Anilinfarbbad, das genau nach Anweisung herzustellen ist. Naturfarbene ausgeblichene Schafgarben kann man mit ein paar Pinselstrichen gelber Wasserfarbe auffrischen.
Im unteren Bereich wurde weinrot gefärbtes Buchenlaub (bereits gefärbt im Handel erhältlich) vorn und hinten eingearbeitet, um das Gesteck anmutig ausklingen zu lassen. Die hinzugelegten Kieselsteine geben dem Gesteck die nötige Stabilität und sind außerdem eine Zierde (Abb. rechts).

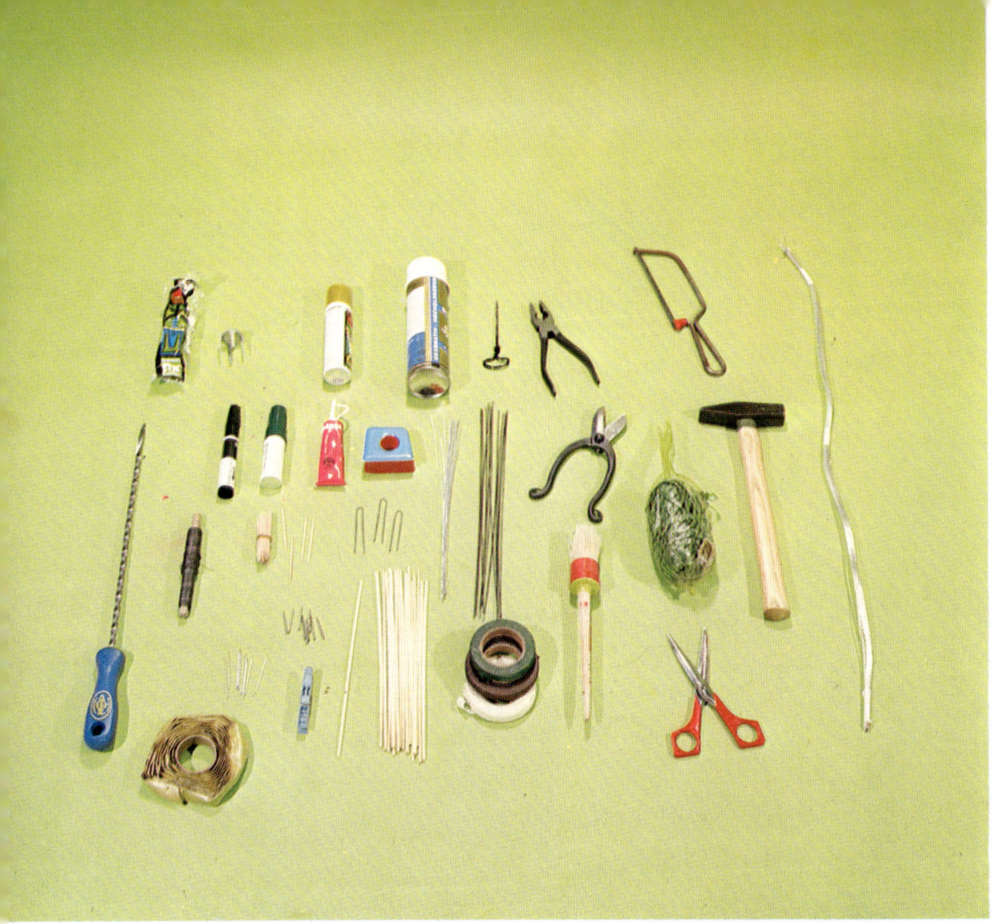

Hilfsmittel und Werkzeug

1. Der Pinholder dient als Verbindungsglied zwischen Unterlage und Befestigungsmasse, wie Ton, Mosy, Knety, Poron usw.
2. und 3. Handbohrer und Stichling werden zum Anbohren von Baumpilzen und schwer zu durchstechenden verholzten Fruchtständen benötigt.
4. Oasis-fix ist eine elastische Klebesubstanz, die als Befestigungshilfe vor allem auf glatten Flächen nützlich ist.
5. Stahlstifte und Nägel werden oft anstelle des Pinholders sowie zum Befestigen von Wurzeln und Baumscheiben verwendet.
6. Wäscheklammern halten montierte Pflanzenteile während des Aushärtens der Klebstoffe zusammen.
7. und 8. Haarnadeln oder Krampon sind als zusätzliche Befestigung schwerer Zweige unerläßlich.
9. Zahnstocher und Schaschlikstäbe hält man bereit, um Einstecklöcher für empfindliche und brüchige Pflanzenstiele vorzubohren oder fehlende zu ersetzen.
10. Wickeldraht dient zum Umwickeln von Moos und zum Binden verschiedener getrockneter Pflanzenteile.
11. Mit Filzstiften lassen sich unschöne, sichtbare Schnittflächen kaschieren.
12. Haushaltskleber ermöglicht die Befestigung loser und geknickter Stiele und Blätter.
13. Transparentes Klebeband hat sich als hilfreich zum Bündeln dünnstieliger Gräser und zum Festigen brüchiger Stiele erwiesen.
14. Verschiedenerlei Farbspray benötigt man zum Auffrischen und Umfärben getrockneter Materialien.
15. Silber- und Steckdraht sollte zum Andrahten von Blüten und Blättern sowie zum Verstärken von Stielen vorrätig sein.
16. Mit Strohhalmen kaschiert man unnatürliche Drahtstiele.
17. Mit verschiedenfarbigen Kreppbändern werden Drähte umwickelt und getrocknete Stielenden abisoliert, die bei kombinierten Gestecken im Wasser stehen müssen.
18. Pinsel erleichtern den gezielten Farbauftrag auf kleinen Flächen.
19. Eine Ikebanaschere ist eine doppelseitig geschliffene Schere, die sich zum Schneiden verschiedener Pflanzen besonders eignet, weil sie die Zellen nicht verletzt.
20. Eine Kombizange muß zum Zuschneiden und Verdrillen von Drähten griffbereit sein.
21. Eine Handsäge wird zum Bearbeiten von hartholzigen Zweigteilen und Baumpilzen benötigt.
22. Mit Kunstbast werden Drähte umwickelt und kaschiert sowie Pflanzenstiele gebündelt.
23. Eine Haushaltsschere zum Nachschneiden und Verkleinern angeknickter und beschädigter Blütenblätter sollte nicht fehlen.
24. Ein Hammer ist beim Zusammennageln verschiedener Wurzeln erforderlich.
25. Langer Silberdraht wird als Gestaltungselement bei der Montage von stiellosen Blüten verwendet.

Rankenspiel

Material:
Flußholz, Proteen, Eukalyptus *(Eucalyptus)*

Hilfsmaterial:
Nägel, Hammer, Säge, Schraubzwinge, Holzleim, kleines Gefäß, Igel, Haarspray

Das hier verarbeitete Flußholz – darunter versteht man von Wasser und Sonnenlicht geprägte, meist rindenlose, ausgebleichte Zweige, Wurzeln oder Holzstücke – ist an Gebirgsbächen, Flußläufen oder an der See zu suchen. Auch im Fachhandel sind diese ausdrucksvollen Holzstücke erhältlich. Selten hat man allerdings das Glück, von vornherein die Form zu finden, die man sich für einen bestimmten Zweck vorstellt und wünscht. Jedoch besteht die Möglichkeit, mehrere kleine Holzstücke geschickt ineinander zu fügen und die gestaltete Form zusammen zu nageln, zu schrauben oder zu leimen. Mit ein wenig handwerklichem Einfühlungsvermögen und dem erforderlichen Werkzeug wie Säge, Hammer, Nägel, Schraubzwinge und Leim läßt sich so etwas recht gut bewerkstelligen. Oft inspiriert die natürliche Beschaffenheit des Flußholzes zu individueller Gestaltung.
Die gezeigte Wurzelplastik besteht aus drei miteinander verschraubten und verleimten Teilen. Unabhängig von jeglicher Blumendekoration läßt sich der Wurzelkomplex stehend oder liegend ohne zusätzliche Stütze anordnen. Die Balance ergibt der nach vorn weisende kurze, mittels einer Schraube drehbare Zweig. Der geschaffene Wurzelrahmen wurde mit dauerhaftem Pflanzenmaterial ausgeschmückt. Hinter der Wurzelplastik steht ein kleines, unauffälliges Gefäß, in dem ein 12 cm großer Igel liegt.
Beim Kauf der rundblättrigen Eukalyptuszweige sollte man auf einen festen, möglichst unverzweigten Stiel achten, denn einstielige Eukalyptuszweige lassen sich über Wasserdampf zu interessanten Formen biegen.

Für ein Dauergesteck eignet sich besonders gut eine Kombination mit Proteen. Frische Proteen mit ihren stark verholzten Stielen sollten zunächst über Wasserdampf neu angeschnitten und in warmes Wasser gestellt werden, damit sie sich möglichst weit öffnen. Sobald sie voll erblüht sind, läßt man sie stehend trocknen. Nach etwa zwei Wochen, wenn dieser Prozeß abgeschlossen ist, besprüht man die Eukalyptuszweige und die Proteen mit einem Hauch Haarspray und gibt ihnen so einen Schutzfilm, der sie vor dem Ausbleichen und Einstauben weitgehend bewahrt.

Kugelbaum

Material:
Muskatnüsse *(Myristica),*
Lärchenzapfen *(Larix),*
Haselnüsse *(Corylus),*
gelbe und orange Immortellen *(Lonas),*
dunkelbraun gefärbte Schafgarbe *(Achillea),*
Mäusedorn *(Ruscus),* Sternmoos oder
Nevadamoos *(Helichrysum orientale),*
Baumpilze

Hilfsmaterial:
Poronkugel, Stielstück einer
Herkulesstaude, Mais- oder Bambusrohr,
Haushaltskleber, Steckdraht, Moltofill

Auch der Blumenschmuck ist einem gewissen Modetrend unterworfen. Die Strohblumenkugel ist nicht mehr so gefragt. An ihre Stelle ist der mit neuen Impulsen gestaltete Kugelbaum getreten. Je nach Jahreszeit, vorhandenem Material und persönlichem Geschmack kann sein Gesicht immer wieder verändert werden.
Im Beispiel reicht die Farbskala von Hellgrau über Gelborange bis hin zu einem warmen Braunton. Außer den Muskatnüssen, Lärchenzapfen und Haselnüssen haben alle übrigen Materialien einen relativ kräftigen Stiel, so daß sie mühelos – nachdem die Stielenden angeschrägt wurden – in die Poronkugel eingeklebt werden können.
Zunächst aber schiebt man in die Poronkugel ein Stielstück der Herkules- oder Maisstaude – möglich ist auch Bambusrohr – und festigt es zweckmäßigerweise mit Klebstoff. Die Stablänge sollte etwa zweimal Durchmesser der gestalteten Kugel plus der eingesteckten Enden betragen.
Als Gefäß kann man eine Tonschale, einen Steingut- oder Blumenübertopf verwenden. Bei solchen kopflastigen Dekorationen bietet Moltofill eine standsichere Befestigung. Die Masse wird nach Gebrauchsanweisung angerührt und in das vorgesehene Gefäß gegossen. Der Herkulesstiel muß bis zum Gefäßboden reichen. Innerhalb einer halben Stunde sollte die Gefäßausschmückung erfolgt sein, durch angedrahtete Baumpilze und Sternmoos wird die Gipsfläche bedeckt.
Wesentlich anders präsentiert sich der Zapfenbaum aus Erlen, Lärchen, Kiefern, aufgeschnittenen Tannenzapfen, Zypressen- oder Zedernzapfen. Zur Auflockerung dienen Flechten, Sternmoos, Stechpalmenblätter und kleine Kiefernbüschel, eventuell auch einige gebleichte Kiefernzapfen, leicht mit Deko-Schnee bestäubt.
Eine mit folgenden Gewürzen bestückte Poronkugel wird auf einem Herkulesstaudenstück zu einem Gewürzbaum:
Mohnkapseln, Ingwerwurzel, Mandeln, Hagebutten, Paprika, Lorbeerblätter, Nelken-Nägelchen in Mohnkapseln gesteckt, Kandiszucker, Muskatnüsse, Haselnüsse mit und ohne Schale, Kürbiskerne, Eukalyptuskapseln, Peperoni, Wacholderbeeren, Erlenzäpfchen, Erdnüsse mit Schale, Bucheckern zum Stern geklebt, Bucheckern mit Kichererbsen gefüllt, Vanillestangen, Sternanis, weiße Bohnen, Zimtstangen.

Erntekranz

Material:
Roggen *(Secale cereale),*
Hafer *(Avena sativa),*
Weizen *(Triticum aestivum),*
Gerste *(Hordeum sativum),*
Schlafmohn *(Papaver somniferum),*
Lampionblume *(Physalis alkekengi),*
Statizen *(Limonium bonduellii)*

Hilfsmaterial:
Je nach Fertigungsweise
(siehe Beschreibung)

Einen Ernte- oder Trockenblumenkranz zu binden, macht keine Schwierigkeiten. Daran kann man sich ohne handwerkliches Geschick wagen. Heutzutage haben sich aber auch in der Bindetechnik modernste zeitsparende und einfache Methoden durchgesetzt, und so können die Arbeitstechniken ganz verschieden sein:

1. Man kauft einen fertigen Strohring und befestigt darauf mit Krampen haarnadelähnlich gebogene Steckdrähte, die verschiedensten Materialien, die alle eine Länge von 3–4 cm nicht überschreiten sollten.
2. Im Handel gibt es vorgefertigte Poronringe, die sich mühelos und zeitsparend bestecken lassen. Zum Einführen der Trockenblumen braucht man weder Draht oder Krampen noch Klebstoff, lediglich eine Schere zum Beschneiden der Materialien.
3. Man flechtet aus eingeweichten langen Strohhalmen einen Zopf, den man mit Draht zu einem Kranz bindet.
4. Der selbst gebundene Schmuckkranz zum Erntedankfest beziehungsweise für die Herbstmonate kann aus einer Drahtunterlage bestehen. Hierzu nimmt man einen 16 mm starken Steckdraht und formt ihn zum Ring, muß ihn allerdings mit Guttacoll oder grünem Kreppband abwickeln, damit er keine Kratzspuren an Türen oder auf Möbeln hinterläßt. Als weitere Unterlage kommt auch ein ein Zentimeter starker Peddigrohrreif oder eine etwa gleichstarke Baumwürgerranke in Frage.

Das Ausgangsmaterial formt man mit Hilfe von Wickeldraht zu einem im Durchmesser 25–30 cm großen Kreis. Hafer, Gerste, Mais, Roggen und Weizen sind für den Erntedankkranz die wesentlichsten Pflanzenteile. Alle Getreidearten sind Kulturpflanzen aus der Familie der Gräser. Besonders dekorativ wirken die begrannten Weizen- und Gerstenarten. Bei Weizen, Gerste, Roggen ist der Fruchtstand eine echte Ähre, bestehend aus einer Ährenspindel und ungestielt daransitzenden kleinen Ähren; beim Hafer sind die Blütchen im Rispenstand.

Das Getreide wird auf 8–10 cm Länge zugeschnitten. Falls es durch die Lagerung zu trocken und brüchig sein sollte, wird es bündelweise auf ein Sieb gelegt und über Wasserdampf gehalten. Man erleichtert sich dadurch die Verarbeitung wesentlich.

Mit der linken Hand hält man die Kranzunterlage, mit der rechten ordnet man die zu kleinen Büscheln (drei bis fünf Stiele) zurechtgelegten Ähren oder andere Pflanzenteile bei. Die nach Arten sortierten Pflanzen werden mit Wickeldraht fest auf die Kranzunterlage gebunden. Je mehr Getreidearten, desto interessanter ist das Gesamtbild.

Die hier büschelartig gruppierten blauen Statizen sollen Kornblumen, die roten Lampionfruchtstände den heiteren Klatschmohn der Felder symbolisieren.

Raumschmuck aus Früchten und Gewürzen

Wie kleine Kunstwerke wirken die Kompositionen aus Samen, Kernen, Kapseln und Gewürzen, die mit Geschick und Phantasie zu Ornamenten und Schmuckgegenständen zusammengesetzt werden.
Als Unterlage kommen Pappringe in Betracht, die im Haushalt oft als Abfallprodukte von Papierrollen anfallen. Man teilt sie mit einer Handsäge in etwa zwei Zentimeter breite Ringe und bestreicht die äußeren Rundungen mit Leim oder Klebstoff. Jetzt werden mit der Pinzette die ausgesuchten schönen Fruchtstände und Samen akkurat und sauber aufgesetzt. Dies können Maiskörner, Sonnenblumenkerne, Bucheckernkapseln, Eicheln oder ähnliches sein, die, vielleicht umgeben von duftenden Gewürznelkenköpfen, den Ring schmücken.
Es empfiehlt sich, zur weiteren Festigung und zum Schutz vor Staub und Schmutz die Frucht- und Samenstände mit Klarlack oder einem farblosen Nagellack beziehungsweise einem flüssigen Kunststoff (Elastomail) zu bestreichen.
Aus Sperrholz ausgesägte Herzen, Kreise oder Sternformen lassen sich ebenso mit Gewürzen und Pflanzenteilen dekorieren. Holz hat gegenüber Pappe den Vorteil, daß es sich durch den Auftrag von flüssigem Klebstoff nicht verzieht. Die Dekoration kann ein- oder beidseitig aufgearbeitet werden.
Einen praktischen Verwendungszweck finden diese Formen als Kerzenhalter, Serviettenring oder als Verzierung von kleinen Schalen. Apart wirkt dieser kunstgewerbliche Schmuck auch in kahlen Ästen, die in einer Vase arrangiert sind.

Früchtestab

Material:
Ruskus, Erlen- und Lärchenzapfen, aufgeschnittene Kiefernzapfen, Holzäpfelchen, getrocknete Rosen, Statizen

Hilfsmaterial:
Poronblock, Säge, Wickeldraht, vier Kerzen, Steckdraht

Der Früchtestab erfreut sich als dauerhafte Dekoration immer größerer Beliebtheit und läßt sich vielseitig variieren. Die Unterlage dafür kann ein zurechtgeschnittener Mosy- oder Poronblock sein oder aber ein rechteckiges Brett, auf dem in der Mitte der Länge nach ein aus Floristenknetmasse geformter Wulst aufgedrückt wird. Ebenso eignet sich ein Holzscheit oder ein armstarker Holzstamm, zum Beispiel von der Birke, auf den man Moos aufwickelt. Je nach Jahreszeit kann die Ausschmückung herbstlicher oder weihnachtlicher Art sein. Sollen Kerzen mit eingearbeitet werden, so sind die Einsteckpunkte von vornherein durch Steckdraht oder Holzstab zu markieren.
Im Beispiel sind Erlen- und Lärchenzapfen sowie mit der Säge quer aufgeschnittene Kiefernzapfen auf der Poronunterlage befestigt worden. Dazu führt man jeweils ein Stück Wickeldraht um die unteren Schuppen der Zapfen und verdrillt die Enden. Die Holzäpfelchen sind meistens schon vom Hersteller angedrahtet.
Reizvoll sind bei dieser Zusammenstellung die präparierten Rosen. Frische, halberblühte Rosen werden einzeln hängend in einem warmen Raum, vorzugsweise im Heizungskeller, getrocknet. Der Prozeß dauert etwa acht bis zehn Tage. In Betracht kommen nur helle Blüten; dunkle Farben wirken selbst nach dem Schnelltrocknungsverfahren schwarz und dadurch leblos.
Der rotbraune Gesamteffekt wird durch Ausstecken der Basis mit weinrotem Ruskus erzielt. Zur Auflockerung der doch recht dunkel gehaltenen Dekoration verteilt man zum Schluß vier bis fünf Zentimeter lange Triebe der Statize mit schräg angeschnittenen Stielenden auf die Gesamtfläche.
Mit dem gleichen Grundaufbau kann man den Früchtestab auch adventlich gestalten, indem man hauptsächlich Silberdisteln, Ilexbeerenzweige, Mistelzweige und in Zuckerlösung getauchtes Kieferngrün arbeitet. Kerzen dürfen bei einer adventlichen Gestaltung nicht fehlen. Jedoch müssen sie fest stehen; deshalb wird ein Steckdraht eingelötet. Dazu biegt man einen drei Millimeter starken Draht in die Form einer Haarnadel, drückt die Biegung mit Hilfe der Kombizange zusammen, hält sie in eine Flamme und führt sie heiß von unten in die Kerze ein. Nach dem Erstarren des Wachses sollten die beiden herausragenden offenen Drahtenden etwas auseinandergebogen werden. Auf diese Weise läßt sich jede Kerze senkrecht und absolut standsicher einstecken.
Als Erntedankschmuck wählt man für die Unterlage einen aus eingeweichtem Stroh geflochtenen Zopf oder einen gewundenen Baststrang von etwa 30 cm Länge. Dekoriert wird mit Ähren, Gräsern, Walnüssen, Haselnüssen, Peperonifrüchten, Zier- oder Goldmais, getrockneten Zitronen oder japanischen Quitten und Holzäpfeln. Gern verwendet man auch Hagebuttenfruchtstände, die vor Gebrauch durch kurzes Tauchen in heißen Kerzenwachs oder Wachsgranulat zu präparieren sind, damit sie nicht faulen oder schrumpeln. Als erfrischendes und belebendes Grün wird Ilex oder Ruscus eingearbeitet.
Je nach Zusammenstellung können auch Mohnkapseln, gelbe Strohblumen, Blau- oder Kardendisteln, Schafgarbe, Lampionfrüchte, Silberlinge oder Sauerampferfruchtstände verwandt werden.

Früchtekränzchen

Material:
Schafgarbe, Eicheln, Sanddornbeeren, Hagebutten, Kürbis- und Pfirsichkerne, Mohnkapseln, Ruskus, Immortellen, Erlenzapfen, Bucheckernkapseln, Statizen

Hilfsmaterial:
Holzteller, Knetmasse, Ponal, Schaschlikhölzchen, Haarspray, Kerze

Diese hübsche Dekoration wird vorzugsweise auf kleine Teller aus Holz, Zinn oder Keramik gearbeitet. Aus der Knetmasse formt man einen fingerdicken Streifen und legt ihn mit knappem Abstand ringsum auf den Tellerrand. Damit die Steckbasis mehr Festigkeit erhält und bei Heizungs- und Sonnenwärme nicht wieder weich wird, bestreicht man sie mit Ponal. So kann auch das Trockenmaterial fest verankert werden.
Bevor man die kleinen Fruchtstände einsteckt, teilt man den Kreis mit Hilfe des Schaschlikstabes in vier gleiche Teile. An diesen Punkten beginnt man mit dem Einarbeiten einer aus fünf Kürbiskernen bestehenden Blüte. Der spitz zulaufende Kernteil bildet die Mitte und wird in den mit dem Schaschlikstab vorgebohrten Einsteckpunkt gedrückt. Den Mittelpunkt dieser kleeblattähnlichen Blüte bildet eine rote Hagebutte, die zuvor in flüssiges Wachs getaucht oder mit Nagellack überstrichen wurde. Die hellen Kürbiskerne setzen einen markanten Punkt, der durch einige kurze Ruskusblätter untermalt wird. Am geeignetsten sind die saftig grün gefärbten Sorten. Daneben kann ein Teil einer Schafgarbenblüte und eine Bucheckernkapsel eingesteckt werden, deren Mitte man mit einer orangen Immortelle verziert. Bei den kurz eingeführten Stielen von 0,5 cm kann man auf das Andrahten verzichten.
Dunkelblaue Statizen, wiederum mit grünen Ruskusblättern unterlegt, sind als nächste einzuarbeiten. Lustig wirken dazwischen verteilt kleine braune Erlenzapfen. In symme-

trischer Reihenfolge setzt man nun noch Eicheln, Sanddornbeeren und Pfirsichkerne ein. Die langgestreckten Kolben des wilden Mohns sind besonders zierlich und liebenswert. Nach Wunsch können neben den Fruchtständen auch Gewürze wie Sternanis, Muskatnuß, Nelkenköpfe, Lorbeerblätter und ähnliches mit einbezogen werden. Im Beispiel ist auf diese Zutaten verzichtet worden. Zum Schluß wird das Ganze mit Haarspray besprüht. Eine kleine bunte Kerze in die Mitte gestellt, bereichert das Früchtekränzchen.

Gewürzstrauß

Material:
Mohnkapseln, Erlenzapfen,
Früchte der Buche (Bucheckern),
Eukalyptuskapseln, Hagebutten,
Statizen, Ruskus, Vanillestangen,
Ingwerwurzeln, Mandeln, Kürbiskerne,
Erdnüsse in der Schale, Paprika-Peperoni,
Zimtstangen, Lorbeerblätter,
Wacholderbeeren, Nelken-Nägelchen,
Sternanis, Kandiszucker

Hilfsmaterial:
Steckdraht, kleine Styroporkugeln,
Klebstoff, Silberdraht, Zange,
Krepp- oder Klebeband, Papiermanschette

Das Gewürzsträußchen ist ein beliebtes Geschenk, das sich leicht und preiswert herstellen läßt.
Von den oben aufgeführten Gewürzen und ausschmückenden Materialien braucht man durchaus nicht alle zu verwenden. Auf die wohlriechenden Duftspender wie Stangenzimt, Nelken, Sternanis, Lorbeerblätter, Vanillestangen, Muskatnüsse und Eukalyptuskapseln sollte man jedoch nicht verzichten. Ihr dezenter Geruch erfüllt die Wohnräume über viele Wochen. Läßt seine Intensität nach, kann man den Gewürzstrauß kurz über Wasserdampf halten; erstaunlicherweise entwickelt sich der würzige Duft aufs Neue.
Alle zur Verarbeitung kommenden Zutaten werden möglichst unsichtbar mit einem dünnen Steck- oder Silberdraht angedrahtet. Die natürlichen Stiele von Ruskus, Eukalyptus oder Mohn sind meist zu kräftig und zu voluminös und ergeben einen zu kompakten Griff. Die Zimtstangen schneidet man in 2–3 cm große Stücke und umwickelt ein Ende mit Draht. Durch die lockeren Vanillestangen wird jeweils ein Silberdraht gezogen und außen verdrillt. Beim Lorbeerblatt steckt man den Draht unmittelbar am Stielanfang durch das Blatt, beim Sternanis legt man ihn um die sternförmige Samenkapsel. Auch Kaffeebohnen lassen sich mit Draht umspannen, der auf der Rückseite angezogen und verdrillt wird. Bei getrockneten Pflaumen und Aprikosen sowie Erdnüssen in der Schale ist der Draht leicht durch die Fruchtmasse beziehungsweise Schale zu stecken. Rosinen und Korinthen reiht man dicht auf einen Draht auf. Sollen Erlen- oder Lärchenzapfen mitverarbeitet werden, wird der Draht durch die unteren Zapfeneinschnitte geführt und seitlich wieder verdrillt. In die harten Schalen von Muskat- und Haselnüssen müssen mit einem Handbohrer Löcher vorgebohrt werden; durch diese läßt sich der Steckdraht leicht ziehen. Bei den kleinen Gewürzen und Fruchtkernen wendet man zur Erleichterung die Klebetechnik an. Haselnußkerne oder Erbsen wirken in der Mitte von Bucheckernkapseln sehr dekorativ. Vielfach werden auch kleine Styroporkugeln mit Klebstoff überzogen und in die diversen Samen wie Mohn, Anis, Linsen, Senf- oder Pfefferkörner getaucht.
Hagebutten, Mandeln und Nüsse überzieht man mit einem Klarlack, um einen Glanzeffekt zu erzielen.
Als verbindendes Material nimmt man grünen oder rotbraunen Ruskus, der, auseinandergeschnitten und ebenfalls angedrahtet, später sparsam zwischen die anderen Gewürze eingearbeitet wird. Belebend und lustig wirken die kleinen Peperonis.
Das so vorbereitete Material legt man geordnet nebeneinander und kann nun beginnen, den Gewürzstrauß in der Hand zu binden. Die Mitte arbeitet man etwas erhöht, eventuell mit einer Mohnkapsel, deren gitterartige Öffnung unterhalb des Staubgefäßbodens mit Nelken gespickt wird. Von diesem erhöhten Mittelpunkt ausgehend, werden alle übrigen Gewürze systematisch aneinandergefügt. Die Silberdrähte unterhalb der Gewürze sollen mit weißem Krepp- oder Klebeband abgewickelt und die Stiele, falls nötig, etwas gekürzt werden. Zum Schluß stülpt man eine Biedermeiermanschette (die man aus Krepppapier selbst fertigen kann) über. Dadurch erhält das Ganze einen schmückenden Rahmen.

Gewürztante

Material:
Muskatnuß, vergoldeter Knoblauchsamenstand, Kürbiskerne, Pfefferkörner, Kaffeebohnen, Mandelkerne, Zimtstangen, Senfkörner

Hilfsmaterial:
Goldfolie, Klebstoff, Pappe, Schaschlikstäbchen, Brokatborte, Samtbänder, Handbohrer

Aus starker Goldfolie formt man zunächst das tütenförmige Gewand in einer Höhe von etwa 11 cm. Eine Muskatnuß bildet den Kopf der Dame und wird an dem spitz zulaufenden unteren Teil mit einem Handbohrer leicht angebohrt, um ein Schaschlikstäbchen einkleben zu können. Der entstandene Hals wird mit einer schmalen Brokatborte als Halskrause verziert. Der Hut – ein Pappkreis von 4,5 cm Durchmesser – wird nun waagerecht auf die Muskatnuß geklebt. An die Unterseite des Pappkreises befestigt man mit Klebstoff zwei Bänder. Ringsherum erhält der vornehme Hut als Rand wiederum eine Brokatborte. Die Hutmitte krönt ein getrockneter und vergoldeter Knoblauchsamenstand, umrahmt von flachen kleinen Kürbiskernen.
Anschließend geht es an das dekorative Ausschmücken der Robe. Weiße Pfefferkörner werden unmittelbar an die Halskrause wie exquisiter Perlenschmuck gereiht. Darunter klebt man gleichmäßig große Kaffeebohnen. Die nächste Reihe besteht aus flachen Mandelkernen. Ausgesucht schöne Maiskörner bilden die letzte ringförmige Anordnung des oberen Drittels.
Zwecks besserer Übersicht für die Aufteilung der verbleibenden Fläche wird nun am Saum des Gewandes eine Brokatborte befestigt. Danach werden Zimtstangenstücke von $1^1/_2$–2 cm Länge senkrecht im Abstand von 2 cm aufgesetzt. Die Zwischenräume schmückt jeweils eine getrocknete grüne Erbse. Ein interessantes Muster entsteht durch die zu einem dreiblättrigen Kleeblatt zusammengefügten Kürbiskerne, die unmittelbar über den zweigerollten Zimtstangenstücken ihren Platz haben. Der noch verbleibende Zwischenraum wird durch Rosetten aus je sieben Pfefferkörnern gestaltet.
Um nicht zuviel Gold durchschimmern zu lassen, werden die Restflächen mit kleinen dunklen Senfkörnern beklebt.
Im übrigen sind der Phantasie keine Grenzen gesetzt; die gegebenen Anregungen sind nur als Grundlage zur Gestaltung aufzufassen.

Importiertes exotisches Pflanzenmaterial

Die vielfältige und bunte Welt der Tropen und Subtropen war noch nie so greifbar nahe wie heute. Seit etwa 30 Jahren werden in zunehmendem Maße exotische Pflanzen importiert. Neben den frischen Blumen gibt es in jüngster Zeit vor allem getrocknete Blumen-, Frucht- und Samenstände. Aus der Fülle der in Blumenhandlungen und Hobbygeschäften angebotenen Exoten haben wir einige häufig

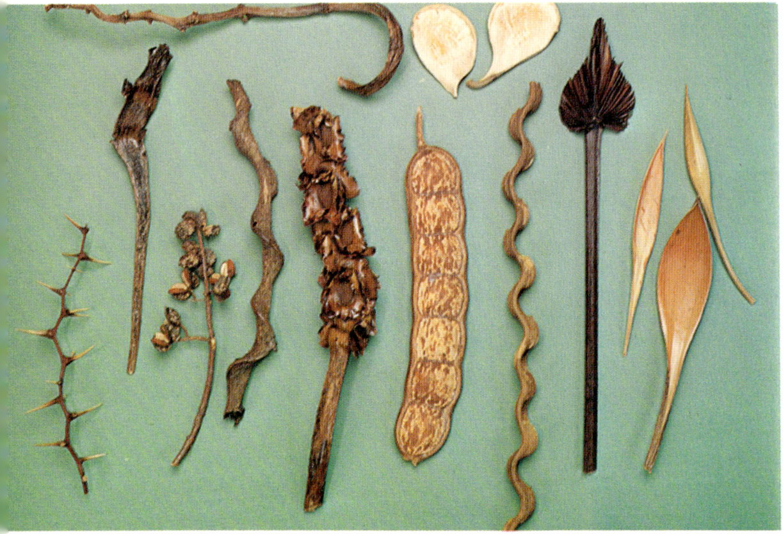

Nashorn-Zweig
Natraj
Hakea
Spindelholz
Nußblütenstab
Pangra

Sapla
Palm-Spear
Palm-Schoten
Elefantenohren
Hirtenstab

Phoenecoma
Edelweiß-Flechte
Banksia Prionote
Bughina-Blätter
Stirlinga
Kalyx

Leucospernum
Capblumen weiß
Combretium
Red Bottel Brush

Velvet-Bean
Usara-Zweig
Valpina
Weißwandblatt
Wildlilie natur
Wildlilie farbig
Wildlilie am Stiel
Zwillingsschote

Liane
Lampion am Stiel natur
Lampion am Stiel farbig
Landlotus
Long Acazia
Longifolia
Lotoskolben klein
Lotoskolben mittel
Lotoskolben groß
Lotoskolben am Stiel
Lotoskolben extra klein
Lederfrucht

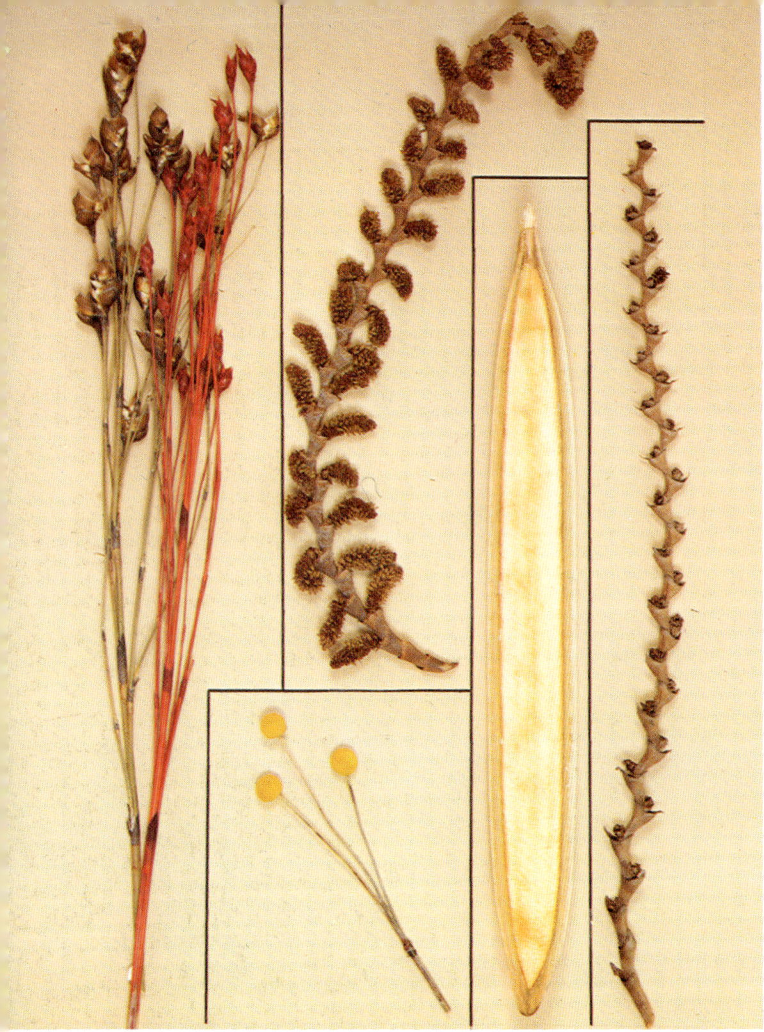

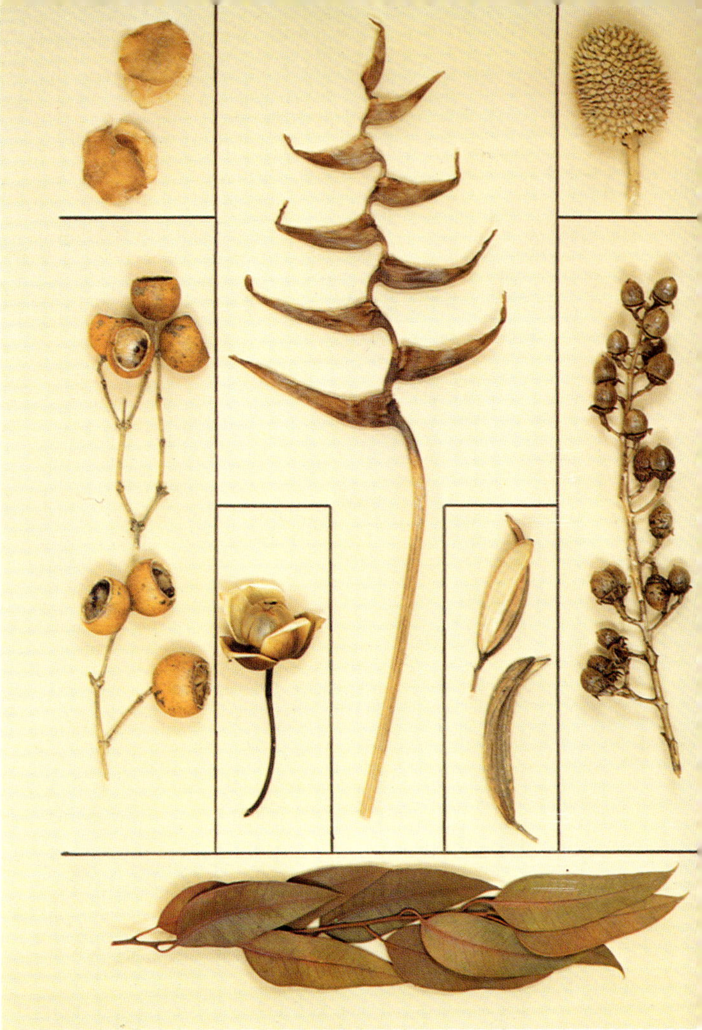

Buriti
Buriti-Center
Bel Reeds lang natur
Bel Reeds lang farbig sortiert
Button Balls
Boats

Hedera-Laub
Haiti-Rose
Hardooft
Halbkugeln am Stiel
Jack-Frucht groß
Jhuta-Zweig

Jacaranda
Heliconia lackiert

anzutreffende abgebildet. Da es manchmal schwierig ist, im getrockneten Zustand nachträglich die botanisch exakte Pflanzenabstammung festzustellen, benutzt der Handel vielfach Phantasiebezeichnungen, die für ein und dasselbe recht unterschiedlich sein können. Begrüßenswerterweise wachsen die Bestrebungen, authentische Einordnungen zu ermöglichen, so daß wohl bald eine größere Übersichtlichkeit gegeben sein wird.

Gesagt sei noch, daß einige frischgekaufte exotische Blüten nach dem Abblühen und Entfernen der äußeren Blütenblätter weiterhin als attraktive Trockenblumen schmükken, zum Beispiel die Federprotea *(Protea marginata),* die *Protea longifolia,* die Golden Dryandra, außerdem die Känguruhpfoten, die Myrte, die Heliconia-Blüten sowie Gemüseartischocken.
Der unüberschaubare Farben- und Formenreichtum der Gräser – man kennt heute über 7000 Arten – stellt einen erheblichen Schmuckwert für Trockendekorationen dar. Ein Großteil der im Handel befindlichen präparierten Gräser kommt aus der amerikanischen Prärie, der Savanne, aus den Alpen, den Felsengraten anderer Gebirgszüge, den Meeresdünen, vor allem auch aus der australischen Steppe sowie aus den Wäldern und Sümpfen aller Welt. In der Regel sind die exotischen Gräser robuster und besser dauerhaft zu präparieren als die heimischen.

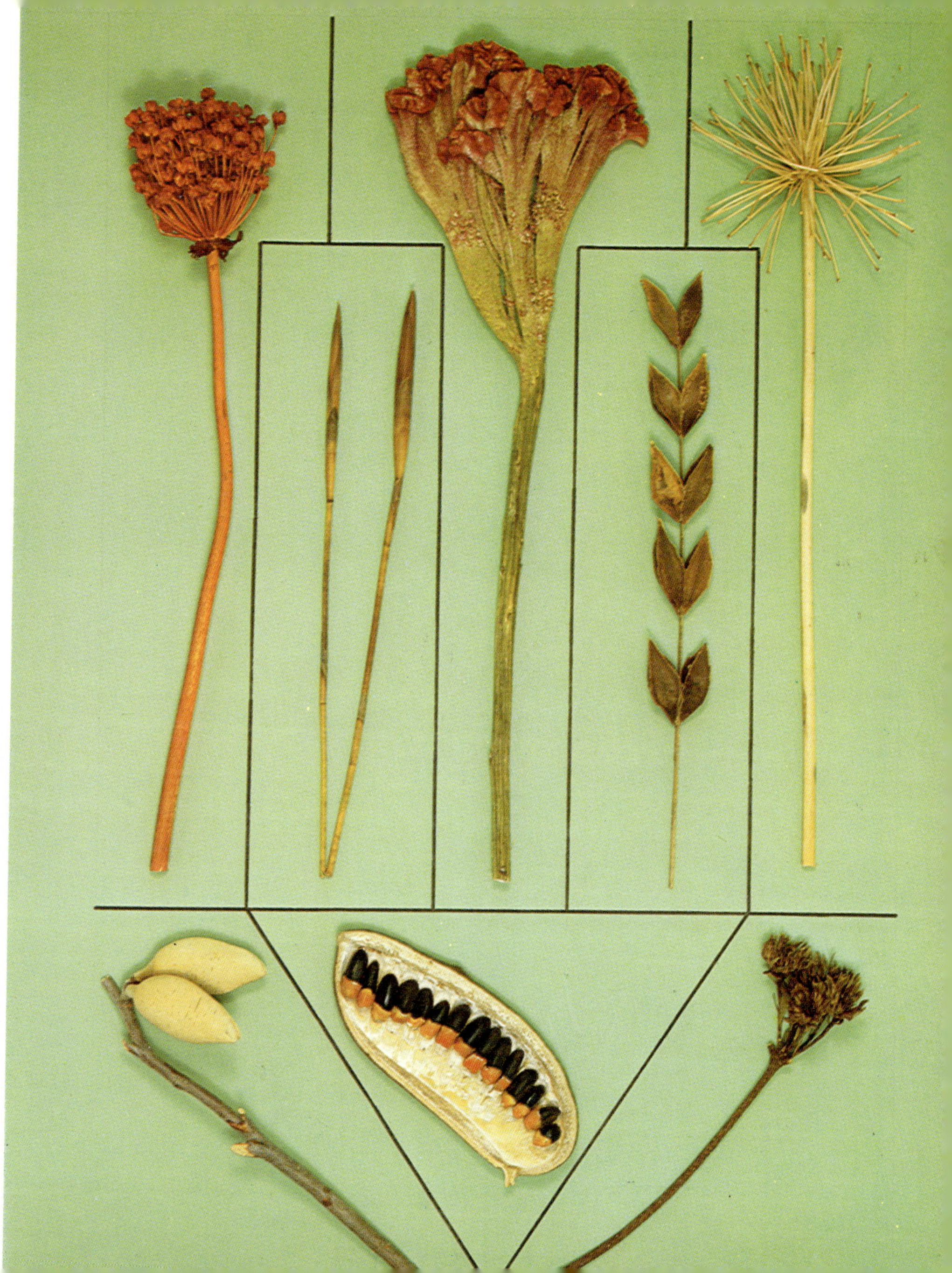

Aglio
Agapanthus
Aulax
Australische Birne
Arrow
Atzelia-Samenhülsen
Compona
Cox Comb

Traumboot

Material:
Kokospalmabrisse, brasilianische Immortellen, Proteenfruchtböden, exotische Gräser

Hilfsmaterial:
Poronblock, Oasis-fix, drei Pinholder, eventuell Dekospray, Wickeldraht

Das Spiel mit den Brauntönen kann – richtig kombiniert und dosiert – sehr reizvoll sein. Das flach gearbeitete Arrangement eignet sich als dauerhafter Trockenschmuck für eine Anrichte oder Truhe oder unterhalb größerer Bilder.

Zwei ineinandergesteckte Kokospalm-Abrisse, die sich gegenseitig stützen, bilden die Basis. Der Befestigungskern ist ein 10 cm langer und 5 cm hoher Poronblock, festgehalten durch drei mit Oasis-fix geklebte Pinholder. Die ausschmückenden Materialien werden so eingesteckt, daß das Ganze einer Gondel gleicht.

Bei der Anordnung von Trockenblumenschmuck sollte man berücksichtigen, daß gleichartiges Material dicht beieinandersteht, damit größere Wachstumspunkte erscheinen, die den Blickfang bilden. Das Durcheinanderstecken verschiedener Pflanzen zeigt ein unkonzentriertes Gesamtbild und wirkt unharmonisch.

Brasilianische Immortellen gibt es in vielen Farben fertig gefärbt zu kaufen. Wer den Pflanzen einen anderen Farbton verleihen möchte, kann sie vom weißen oder gelben Naturton ausgehend mit Dekospray besprühen. In der hier verarbeiteten Brauntonskala wirken die braunroten Immortellen ausgesprochen belebend. Sie sind bündelweise so eingruppiert worden, daß sie den natürlichen Ausschnitt der Kokospalme betonen und nicht verdecken. Falls die eine oder andere Immortelle einen zu schwachen Stiel haben sollte, legt man Steckdraht an und befestigt diesen am obersten Ansatzpunkt durch spiralenartige Umwicklungen.

Die beiden Fruchtböden der Proteen wurden etwas höher gestuft eingesteckt. Proteenfruchtböden kann man als Trockenmaterial kaufen oder aber von der frischen Banksia oder der Königsprotea gewinnen.

Hierzu läßt man die Blüte zunächst völlig aufblühen und erfreut sich dann noch eine Zeitlang an der getrockneten Blüte. Erst wenn diese unschön und staubig geworden ist, bricht man die Blütenblätter vorsichtig aus und erhält somit den verholzten Blütenboden.

Die zuletzt beigefügten aufstrebenden, gefärbten Gräser lockern das Arrangement auf.

Kontakte

Material:
Baumpilz, Immortellen,
(Heliconia latispatha),
Federproteen *(Protea marginata)*

Hilfsmaterial:
Fruchtstand einer Heliconie,
Xylamon, farbloser Lack,
Wickeldraht, Bast, Oasis-fix

Auf Macramee-Knüpfwerk, das aus fester Kordel gearbeitet wird, läßt sich ohne weiteres ein schwerer, mehrstufig gewachsener Baumpilz mit Hilfe von kräftigem Wickeldraht befestigen. In den Einbuchtungen des terrassenartig gewachsenen Pilzes verschwinden die Drahtumwicklungen völlig. Auf der Rückseite werden die Drahtenden kräftig zusammengezogen, mit der Kombizange verdrillt und die verbleibenden herausragenden Drahtenden in die Verknüpfungen zurückgebogen, damit keine häßlichen Fanghaken hervorstehen. Der Baumpilz sollte in seinem Gefüge noch fest im Holz und keinesfalls morsch sein. Taucht man ihn vor der Verarbeitung kurz in farblose Holzimprägnierung (Xylamon), wird eventuell anhaftendes Ungeziefer vernichtet. Ein anschließendes Überziehen mit farblosem Lack verschließt die Poren und betont die Zeichnung der Pilzoberfläche.
Um die Macramee-Handarbeit und den eigenwillig gewachsenen Pilz möglichst wenig zu verdecken, wählt man die obere Spitze des Pilzaufbaus als Dekorationsmittelpunkt. Die großblütigen aus Italien oder Spanien importierten Immortellen werden kurzstielig zu einem kegelförmigen Strauß mit Bastfäden zusammengefaßt und mit Oasis-fix auf dem Baumpilz befestigt.
Der interessante verholzte Fruchtstand der Heliconia wird an gleicher Stelle eingesteckt. Diese exotische Schnittblume ist nach dem Abblühen zwecks weiterer Verarbeitung hängend getrocknet worden. Der untere Stielteil wurde vor dem Aufkleben über Dampf noch etwas rundgebogen, so daß sich der verarbeitete Fruchtstand merklich von dem Behang abhebt.
Auch die an der rechten Seite sichtbar werdenden Fruchtstände der Federprotea sind das Ergebnis einer bis zur letzten Konsequenz ausgewerteten Blume. Vor dem hellen Hintergrund hebt sich die gedämpfte, braun-orange Farbabstufung des hängenden Arrangements angenehm ab.

Exotica

Material:
Palmfasergewebe, Blütenstand der Phoenix-Palme, Montageblume aus Affenkamm *(Pithecoctenium echinatum)* und Kokospalme *(Cocos nucifera)*, Kakteenstamm *(Cereus)* im abgestorbenen Zustand, »Bootsschote« *(Oroxylum indicum)*, Moorwurzel

Hilfsmaterial:
Töpferton, zehn Pinholder, Oasis-fix, Weidenstock, braunes Kreppband, Krampen, Steine oder Koks, metallfarbener Autolack

In den Wintermonaten kann an geschützter Stelle, auf der Fensterbank oder unter überdachten Hauseingängen und Balkonen, ein solches exotisches Gesteck stehen. Die Steckmasse muß wetterbeständig, schwer und absolut dauerhaft festigend sein. So bietet sich in erster Linie feuchter, formfähiger Töpferton an. Er wird zu einem Klumpen geknetet und auf etwa zehn Pinholder, die mit Oasis-fix auf dem Schalenboden haften, gedrückt. Die Tonmasse kaschiert man nach Möglichkeit mit einem Palmfasergewebe oder mit großen getrockneten Blättern, die mit Krampen eingesteckt sind.
Jetzt wird der höchste Punkt, der Blütenstand einer Phoenix-Palme eingearbeitet; er darf allerdings nicht zu hoch herausgestellt werden, zumal das Gesteck für draußen vorgesehen und somit auch stürmischen Tagen ausgesetzt ist. Zweckmäßigerweise verstärkt man den Stiel der längsten Montageblume, indem man mit Hilfe von braunem Kreppband einen geraden Zweigteil von Weide oder rotem Cornus anwickelt. Nach dem Einstecken dieser Montageblume legt man die Wurzel und das Kakteenstützgewebe auf den Ton und über den Schalenrand; befestigt werden sie wiederum mit starken Krampen oder mit haarnadelähnlich geformtem Steckdraht. Dann fügt man die beiden unteren Montageblumen ein und gibt der Gesamtkomposition noch eine besondere Note durch das wechselseitige Spiel der »Palmschoten«, die innen glatt und hellglänzend und außen gerillt und leicht grau getönt sind. Zum Beschweren gibt man Steine oder mit Autolack metallig gesprühten Koks zwischen die einzelnen Pflanzenteile.

Aufbau von montierten Blumenmotiven

Viele Möglichkeiten ergeben sich durch das Zusammenfügen der unterschiedlichsten Fruchtstände, Zweige und anderer Pflanzenteile. Der entstehende dauerhafte und ausdrucksvolle Blumenschmuck kann über Monate erfreuen. Im Fachhandel wird diese Neuerscheinung als »Montageblume« bezeichnet. Mittlerweile gibt es schon ein sehr reichhaltiges Sortiment dieser Phantasieblumen zur Auswahl, vor allem bei den Exoten. Wer mehr Freude am Selbstschaffen hat, kann mit einfachen Mitteln und ein wenig Geschick individuelle Gestaltungselemente kreieren. Die einzelnen Teile verschiedener Pflanzenarten werden mit einem Zweikomponentenkleber bestrichen und je nach Art der Zusammensetzung sofort oder nach einer kurzen Antrocknungszeit fest aneinandergedrückt. Bei schweren Fruchtständen, die man als Schmuck für einen kahlen Zweig vorgesehen hat, empfiehlt sich neben dem Ankleben das provisorische Andrahten, bis die Verbindung endgültig fest ist.

Ideal und vielseitig zu variieren sind Kiefernzapfen. Auf dem Arbeitsfoto werden einige Möglichkeiten gezeigt.

- natürlicher Zapfen,
- durchgesägter Zapfen (ähnlich einer Holzblüte),
- die Zapfenmitte ist mit einem kugeligen Fruchtstand der Pappel beklebt,
- die Zapfenmitte betont eine orange gefärbte Schafgarbenblüte, die in den oberen Schuppenkranz eingeklebten Silberlinge vergrößern die Blume,
- der obere Schuppenkranz ist mit grasähnlichen Stielen des Maiskolbens geschmückt, die Mitte ziert eine eingeklebte Golddistel.

Kiefern- oder Tannenzapfen werden vor der Verarbeitung auf den Heizungskörper oder in den noch warmen Backofen gelegt, damit sie sich weit öffnen. Anschließend kann man sie durchschneiden und die oberen Schuppen ausbrechen, so daß der mittlere Zapfenstrunk etwas länger heraussteht und zum Aufkleben von Eichelböden, Immortellen, Fruchtbechern der Buche (Bucheckern) oder Gräsern benutzt werden kann. Im folgenden nun noch einige Anregungen zu diesem Thema: Kiefernzapfen mit eingeklebten Kürbiskernen, Kiefernzapfen mit seitlich angesetzten Bucheckern, Kiefernzapfen mit eingeklebten Pfirsich- oder Pflaumenkernen, Kiefernzapfen mit kleinen ovalen Holzscheiben dekoriert, Kiefernzapfen mit eingekleb-

ten Linden- oder Ahornflügeln, Kiefernzapfen mit Gräsern, Kiefernzapfen mit der silbrig schimmernden Fruchtscheidewand der Mondviole dekoriert, Kiefernzapfen in der Mitte durchgesägt, mit aufgeklebter Hagebutte und ringsherum eingesteckten Kiefernnadeln, Kiefernzapfen halbiert mit aufgeklebten Lärchenzapfen und angesetzten Kiefernnadeln, Kiefernzapfen halbiert mit in der Mitte eingeklebtem Maiskorn und seitlich angesetzten Eichenbechern, Kiefernzapfen mit eingeklebten Fruchtständen des Wiesenkümmels.

Auch die Kardendistel kann als Blütenmitte zum Montieren anderer Fruchtstände sehr interessant sein, zum Beispiel mit ringsherum angeklebten Kiefernzapfenschuppen oder einzelnen Eukalyptusblättern, ebenso mit Kürbiskernen oder Segmenten der Kastanienschalen oder den glänzenden Blättern der Silberlinge.

Einen schönen Blickfang bilden die Mohnkapseln als Blütenmitte mit ringsherum eingesteckten Kürbiskernen oder Erlenzapfen, beziehungsweise mit aufgeschnittenen, angeklebten Lampionfruchtständen oder mit windmühlenähnlich angesetzten Spelzen von Hafer oder anderen interessanten Gräsern.

Getrocknete, ausgezupfte Artischocken oder auch getrocknete ausgezupfte Proteen, das heißt Artischockenböden oder Proteenböden ergeben sehr interessante Trockenblumen, die wesentlich vergrößert werden können und dekorativer erscheinen, wenn man aufgebügelte Maishüllblätter zwischen die restlichen Einschnitte der Artischockenböden klebt.

Sonnenhut oder »Jungfer im Grünen« oder auch als »Gretel im Busch« beziehungsweise Nigella bekannt, können ebenfalls durch Aufkleben von einzelnen getrockneten Laubblättern, Kürbiskernen oder Erlenzapfen sehr dekorativ in Trockengestecken wirken.

Interessant lassen sich auch bizarre Obstzweige vom Apfel- oder Birnbaum, der Eßkastanie oder von Schlehen durch Aufkleben von Fruchtständen dekorieren wie beispielsweise einen Apfelzweig mit Eßkastanienfruchtständen oder Kiefernzapfen besetzt. Bucheckern klebt man in die vorhandenen Spelzen eines Buchenzweiges oder benützt die aufgeschnittenen Spelzen zum Befestigen der Pappusborsten von Artischocken. Baumflechten lassen sich auf Lärchen- oder Kiefernzweige üppig dekorieren. Schwarzerlenzweige mit reichlichem Zapfenbehang werden gern als Einsteckbasis für getrocknete Kürbiskerne benützt.

Zum Schluß noch drei Beispiele für Blüten, die man an bizarre Zweige oder auch in den Christbaum hängen kann.

1. Einem zum Kreis geformten, doppelt gelegten Perlonfaden, dessen Enden verdrillt werden und eine Schleife bilden, klebt man ringsherum Silberlinge auf. Die Spitzen der einzelnen Silberlinge weisen jeweils nach außen.

2. Lampionfruchtstände werden paarweise mit den Stielenden aneinandergeklebt, so daß eine Viererverbindung entsteht. In den oberen Lampionfruchtstand führt man zum Befestigen einen Perlonfaden.

3. Auf einen aufgesägten Kiefernzapfen, dessen Mitte mit einem Erlenzapfen verziert wurde, klebt man ringsherum in die unteren Zapfeneinschnitte die interessanten geflügelten Ahornsamenstände.

Mondschatten

Material:
Magnolienblätter *(Magnolia),* Gräser, Sauerampferfruchtzweig *(Rumex),* montierte Blumen

Hilfsmaterial:
Bastscheibe, Töpferton, Oasis-fix, Pinholder, Haarspray, eventuell kleine Steine oder Schieferstückchen

Ein ovaler Bastuntersetzer ist die Ausgangsbasis für diese Blumenzusammenstellung. Um die benötigte Steckmasse möglichst unauffällig und niedrig zu halten, wurde ein etwa tennisballgroßer Töpfertonklumpen auf den mit Oasis-fix angeklebten Pinholder aufgedrückt.
Die glänzenden, lederartigen Magnolienblätter findet man in dieser dunkelbraunen Färbung im Herbst unter den Bäumen. Sie können ohne weitere Behandlung verwendet werden; falls der natürliche Trocknungsprozeß noch nicht ganz abgeschlossen ist, werden sie für kurze Zeit zwischen Löschpapier unter schwere Bücher gelegt.
Die Ton-in-Ton-Komposition ist so aufgebaut, daß die Magnolienblätter an der Einsteckbasis jeweils um einen Zentimeter versetzt hintereinander stehen, während sie sich im oberen Drittel halbkreisförmig deutlich voneinander abheben. Beim Anordnen wurde darauf geachtet, daß das größte Blatt in der Mitte hinten steht und alle weiteren sich verjüngenden Blätter mit ihren Spitzen zu dem mittleren Blatt hinweisen. Die geschlossene, fast massiv wirkende Blattanordnung wird durch Gräser aufgelockert.
Auch der für Trockengestecke beliebte Ampfer mit seinen kupferfarbenen Blütenständen fehlt nicht. Der rispig verzweigte Fruchtstand mit den zahlreichen geflügelten Nüßchen wurde mehrfach geteilt und an der Basis so dicht eingeführt, daß er die Steckmasse verdeckt. Zur rechten Seite hin weist ein ungekürzter Fruchtstand dieser an Wiesen- und Waldrändern wachsenden Pflanze. Die günstigste Zeit, den Ampfer zu schneiden, sind die Monate Juli und August, sobald die gewünschte Färbung eingetreten ist, spätestens aber Oktober vor Anbruch der Herbststürme. Ampfer wird hängend getrocknet und anschließend mit Haarspray besprüht.
Fünf aus pflanzlichen Bestandteilen zusammengesetzte Blumen, wie man sie seit einigen Jahren mehr und mehr im Handel findet, bilden den Blickfang des Arrangements. Ihre gedrahteten Stiele sind mit Strohhalmen überzogen, damit sie möglichst natürlich wirken und auch weiterhin formbar bleiben.
Sollte an irgendeiner Stelle die Befestigung noch erkennbar sein, kann man kleine Kieselsteine oder Schieferstückchen in die Tonmasse eindrücken.

Federsproß

Material:
Buchenzweig *(Fagus)*,
Samen-Flugvorrichtung der Artischocke *(Cynara scolymus)*, Königsproteen *(Protea)*,
Torfmyrte *(Pernettya)*

Hilfsmaterial:
Igel, Messer, Klebstoff

Mit Sonnenlicht oder künstlicher Beleuchtung erzielt man bei diesem sehr natürlich aussehendem Federzweig einen besonderen Effekt. Die Montage ist schnell bewerkstelligt. An einem kahlen Buchenzweig der Herbst- oder Wintermonate werden die braunen Spelzen spitzwinklig angeschnitten. Aus der ausgereiften Artischockenblume, deren lila Blüte leicht wegzuzupfen ist, gewinnt man die fertigen Samenstände (fedrige Pappusborsten), die sich büschelartig in die geöffneten Spelzen des Buchenzweiges einkleben lassen. Die Kombinationsmöglichkeiten sind außerordentlich vielseitig.
Für die Bestückung des Zweiges ist selbstverständlich seine Stabilität ausschlaggebend. Statt des »Artischockenheus« kann man auch Kastanienfrüchte, Bucheckern, Kiefernzapfen oder getrocknete japanische Quitten verwenden. Getrocknete Fruchtstände sind nicht mehr saftig grün, sondern oliv bis bräunlich und passen somit gut zu Holz oder holzartigen Gefäßen.
Die Proteen müssen, bevor man sie in den Igel steckt, am Stielende schräg eingeschnitten und über Nacht in warmes Wasser gestellt werden. Nur bei so vorbehandelten Proteen kann man damit rechnen, daß sich die Blüte bis zur vollen Schönheit öffnet.
Die Blätter der immergrünen Torfmyrte sind aufgrund ihrer festen Zellschicht so stabil, daß sie beim Trocknen in der Vase Form und Farbe behalten. Den Schmuckwert dieser Pflanze stellen vor allem die rotleuchtenden Beeren dar; bei reichem Fruchtbehang sind die Zweige besonders wirkungsvoll.

Blütenzauber

Material:
Erlenzweige *(Alnus)*, Kürbiskerne *(Cucurbita)*, Straußfarn *(Matteucia)*, Adlerfarn

Hilfsmaterial:
Klebstoff, Poronkegel

Aus einfachsten, wohlbekannten pflanzlichen Materialien läßt sich dieser dekorative Montagezweig herstellen: Erlenzweige mit zapfenähnlichen Früchten und Kürbiskernen.
Die Erlen findet man in feuchten Niederungen am Rande von Flüssen und Bächen. Sie blühen im Frühjahr, ihre Samen reifen zu Zäpfchen, die jeweils in Dreier- oder Fünfergruppen zusammenstehen. Diese Zweige sind mit ihren kleinen dunklen Zapfen und den hellbraunen Würstchen ein beliebter Schmuck in den Wintermonaten. Sie lassen sich frisch oder trocken mit Chrysanthemen, Astern, Christrosen, Alpenveilchen, Moosrosen, Anemonen, Freesien oder Ranunkeln kombinieren oder aber in einem Trockengesteck interessant verarbeiten.
Außerdem kann man die Erlenzapfen als Grundlage zu einer Montierblume verwenden, indem man getrocknete Kürbiskerne mit der Spitze in die Rillen der Zapfen steckt. Ähnlich lassen sich Ahornflügel, Ähren, Ulmenfruchtstände und in Segmente aufgeschnittene Lampionfruchtstände gestalten. Jedoch ist aus technischer oder optischer Sicht zu beachten, daß nur einzelne Zapfen in dieser Weise dekoriert werden, damit gezielt Akzente entstehen, ohne den Zweig kopflastig zu machen.
Der getrocknete Adlerfarn harmoniert mit dem Braunton der Zapfen und umspielt die schön gezeichnete Natursteinvase, in deren Öffnung als Steckmasse ein Poronkegel mit der Spitze nach innen eingeführt wurde.

Traumwelt

Material:
Australisches Lampenputzergras *(Pennisetum setaceum, Pennisetum villosum)*,
Papierblumen *(Xeranthemum)*

Hilfsmaterial:
Igel, Alufolie, Strohhalme, Haarspray, Silberdraht, Klebstoff, Kristallsplitter

Dieses grazile Arrangement zeigt eine der vielen Möglichkeiten, stiellose getrocknete Blüten oder solche mit angeknickten, unschönen oder schwachen Blumenstielen interessant zu verarbeiten.
Auf der flachen Glasschale steht ein kleiner, in Alufolie bis zu den Spitzen verkleideter Kenzan (Igel). Darauf werden zunächst die elegant auflockernden Lampenputzergräser gesteckt. Um ihren angetrockneten, weichgewordenen Stielenden genügend Halt zu verleihen, wurden sie jeweils mit einem 1 cm langen Naturstrohhalm verstärkt. Das aufragende Schmuckgras ist eine aus Australien stammende Staude und sollte in keinem Garten fehlen. Sie bringt ab Anfang September zahlreiche Blütenstiele hervor. Diese flauschigen, rosig behauchten Blütenähren sind im Gefunkel des Raureifs oder wenn sich der glitzernde Tau darin fängt, ein reizvoller Anblick. Die Schmuckwirkung erstreckt sich vor allem auch auf die abgeschnittenen Gräser, deren interessante Oberflächenstruktur und Farbenspiele durch entsprechende Lichteinwirkung erst richtig zum Ausdruck kommen. Sie lassen sich im frischen oder getrockneten Zustand mit fast allen Blumensorten überraschend gut kombinieren.
Für die Verarbeitung dieser Trockengräser ist Grundvoraussetzung, daß man sie schon Anfang September schneidet und sofort mit Haarspray sorgfältig besprüht. Das fertige Arrangement sollte einen ständigen Platz erhalten und möglichst wenig bewegt oder berührt werden, damit die locker haftenden Samen nicht ausfallen.
Anmutig wirkt das davor in halber Höhe angeordnete hell ausgebleichte Federgrannengras. Seine Stiele wurden vorsichtig durch mehrfaches Ausstreifen mit den Fingern gebogen. Das raupenartige, dicht behaarte Gras wird im rückwärtigen Bereich der Anordnung tief bis zur Einsteckbasis eingeführt.
Der Effekt dieser Zusammenstellung ist nicht nur in der zarten Rosa-weiß-Nuancierung zu sehen, sondern vor allem in den auf Silberdraht aufgereihten, mit Klebstoff befestigten Papierblumen. Ein so gestalteter elegant gebogener Drahtstiel schwingt sich über den schlank aufstrebenden, gestuft angeordneten Lampenputzgräsern, während ein zweiter, von hinten eingesteckt, in weitem Bogen vor die Grasgruppe geführt wird. Mehrere Blütenköpfe der Papierblumen liegen verstreut auf dem flachen Glasteller. Zwei Kristallsplitter, wie man sie in einer Glashütte erstehen kann, ergänzen das aparte Trockengesteck.

Schmetterlingsblüten

Material:
gebleichter japanischer Fingerfarn *(Gleichenia)*, Strohblumen *(Helichrysum)*

Hilfsmaterial:
Klebstoff, Haarklipse, Steckdraht, grünes Floristenband, Strohhalme, Igel

Aus japanischem, gebleichtem Fingerfarn, wie man ihn in allen Bastelgeschäften kaufen kann, wurden die dekorativen filigranen Schmetterlingsblüten gefertigt. Die Zeichnung veranschaulicht, wie man den weit auseinandergespreizten Farn zu diesen Blüten verarbeitet. Zunächst beschneidet man die einzelnen Farnrippen beidseitig, so daß noch etwa 3 mm Farnansatz stehen bleiben. Die so bearbeiteten Farnwedel klebt man zu ovalen Phantasieblütenblättern zusammen und hält

sie mit Haarklipsen vorübergehend in Form. Drei etwa gleichgroße Ovale werden dann auf einen natürlichen Farnstiel geklebt und ergeben eine Schmetterlingsblüte. Die Ansatzpunkte der mittleren Partie treten durch Aufkleben von kurzen Abfallstücken, welche die Staubgefäße andeuten sollen, nicht in Erscheinung.
Die Strohblumen, deren Stiele gedrahtet und mit Floristenband abgewickelt sind, sowie alle übrigen Materialien stecken auf dem dichtgenadelten Kenzan (Igel).
Die interessant gefertigten Schmetterlingsblüten schweben tänzerisch über den Strohblumen, untermalt von einigen gebleichten Farnwedeln in natürlicher Wuchsform. Japanischer Fingerfarn läßt sich durch seine naturgegebene Beschaffenheit mit anderen Trockenblumen vielseitig variieren, zum Beispiel mit Rosen, Statizen oder Kapblumen.

Kombinierte Gestecke

Unter kombinierten Arrangements sind Blumenanordnungen zu verstehen, die sowohl aus getrocknetem Planzenmaterial als auch aus Frischblumen bestehen. Diese höchst reizvollen Zusammenstellungen eröffnen vor allem den Nichtgartenbesitzern die Möglichkeit, Blumengestecke mit wenig Aufwand vielfach zu variieren. Es ist unerläßlich, die getrockneten Pflanzenteile so zu präparieren, daß sie im Wasser stehen können, ohne zu faulen. Die Stielenden werden dazu je nach Wasserstandshöhe mit Bootlack versiegelt.

Beliebte Kombinationen sind: Silberlinge mit Rosen; Essigbaumfruchtstände mit Sonnenblumen; getrocknete Eukalyptuskapseln mit Nelken; Fruchtstände der Königskerze, Nachtkerze oder Rittersporn beziehungsweise Fingerhut mit Proteen; Lärchen- oder Erlenzweige mit Chrysanthemen; Drehweide oder Korkenzieherhasel mit Amaryllis oder Rosen; Weinranken oder Wurzeln mit Chrysanthemen, Sonnenblumen, Dahlien oder Astern; verschiedene Gräser mit Rittersporn, Löwenmaul, Freesien, Anemonen; Waldrebe mit Gloriosa oder Orchideen; Citrus-Zweige mit Anthurien, Rosen oder Amaryllis; Lampionblumen mit Mais und Sonnenblumen; Kardendisteln oder Blaudisteln mit Ananas.

Ausgezeichnet verwendbar sind Dolden. Das sind die schirmförmigen Blüten oder Fruchtstände, deren Einzelteile alle aus einem Punkt entspringen. Die Doldenblütler bilden eine eigene Pflanzenfamilie. Dazu gehören Bärenklau, wilde Möhre, Geißfuß, Kümmel und Dill. Ihr schirmförmiges Gerippe mit den noch haftenden Samenkernen sollte zunächst mit Haarspray gefestigt werden. Mit Autolack dezent gefärbt, sind sie ein passendes Attribut für viele Frischblumen in den Herbst- und Wintermonaten, zum Beispiel für Astern, Skabiosen, Sonnenblumen oder Zinnien. Ebenso lassen sie sich gut kombinieren mit Schafgarbe, Strohblumen, Statizen, Silber-, Gold-, Strand- oder Kardendisteln, Erika, Zierpaprika, Hahnenkamm, Artischocke, Hortensie, Lavendel, Immortelle, Goldraute.

Belebende Ströme

Material:
Weinranken *(Parthenocissus quinquefolia),*
Freesien *(Freesia),*
Rippenfarn (Blechum spicant)

Hilfsmaterial:
Blumenspirale, Siegellack, Zucker, Glycerin-Wasser-Lösung, Löschpapier

Die eigenwillige Wuchsform der ungezähmt wachsenden Weinranken bietet viele Impulse beim Dekorieren mit Blumen. Bei gleichartigem Aufbau lassen sich die Ranken sowohl mit getrocknetem Pflanzenmaterial, wie Schafgarbe und Strohblumen, als auch mit Frischblumen wie Rosen, Nelken, kleinen Sonnenblumen und Freesien arrangieren. Für ein kombiniertes Gesteck müssen die verholzten Weinrankenstiele, soweit sie mit Wasser in Berührung kommen, in Siegellack getaucht oder mit braunem Floristenband abgewickelt werden.

Während Zweige grundsätzlich vorherrschend und überragend eingeordnet werden, empfiehlt sich für Ranken eine spielerisch silhouettenhafte Darstellung. Die zwei gegensätzlich eingearbeiteten Hauptlinien fließen im dezentral gewählten Mittelpunkt zusammen. In der flunderartigen Vase ist die dritte Linie so verschlungen, daß sie einen plastischen Eindruck vermittelt. Außerdem stellt sie das verbindende Element zu den beiden Hauptlinien, zu Blumen und Gefäß dar.

Die Anordnungsart von flächigen, lagernden Blumenformen ist verständlicherweise nicht der von aufstrebenden lilienblütigen gleichzusetzen. Demzufolge wurden die Freesien in natürlicher, rhythmischer Bewegung unterschiedlich gestaffelt der Rankenführung beigeordnet. Um eine optimale Haltbarkeit der hier verwendeten gefüllten Freesien zu erreichen, sind die Stiele 1/2 cm unter Wasser neu angeschnitten, und dem abgekochten und abgekühlten Blumenwasser ist eine Prise Zucker beigefügt worden. So vorbereitet, öffnen sich mit großer Sicherheit alle Knospen am Kamm.

Frisch geschnittene grüne Farnwedel, die für Trockengestecke gedacht sind, taucht man in eine Glyzerin/Wasser-Lösung im Verhältnis 1 : 3, legt sie zum Trocknen zwischen Zeitungs- oder Löschpapier und beschwert sie mit Büchern. Nach ein bis zwei Wochen – je nach Raumtemperatur – sind die jetzt dunkelbraun gewordenen, aber flexibel gebliebenen Farne verwendbar. Mit Dekospray lassen sie sich der gewünschten Farbgebung anpassen.

Partnerwechsel

Material:
Wilder Kümmel *(Carum carvi)*,
dunkelrote Chrysanthemen
(Chrysanthemum)

Hilfsmaterial:
Igel, Bootlack, roter Autolack

Einer Kombination von trockenen und frischen Pflanzen sollte besondere Beachtung zukommen, da ihre Vielgestaltigkeit eine große Bereicherung während des ganzen Jahres bietet.
Der am Straßenrand wachsende wilde Kümmel ist rechtzeitig, bevor die Herbststürme einsetzen und die Samenblätter ausfallen, zu sammeln. Der trockene interessante Fruchtstand muß vorsichtig transportiert und zu Hause sofort mit Autolack hauchdünn angesprüht werden. Dadurch verkleben die Samen und bleiben haften. Die im Wasser stehenden trockenen Stiele sollte man mit Lack einige Zentimeter hoch abisolieren.
Der Grundaufbau, in einem Igel gesteckt, kann über längere Zeit stehen bleiben, während die Frischblumen, sobald nötig, durch andersartige Pflanzen ausgewechselt werden. Zu dem rot gefärbten Kümmel passen: Rosen, Astern, Dahlien, Zinnien, Nelken, Calendula, Sonnenblumen, Schafgarbe, Nerinen, Gerbera, Anemonen und Freesien.

Künstliche Blumen und natürliches Beiwerk

Es ist keinesfalls Absicht, frische Blumen generell durch künstliche zu ersetzen. Der Duft, das Fluidum, der Charme einer Rose kann durch keine noch so künstlerisch gefertigte Seiden- oder Papierblume ersetzt werden. Letztlich ist auch die Aussagekraft der lebenden Pflanze von der Knospe über die vollerblühte Blume bis hin zum Welken ein Symbol des ewigen Kreislaufs vom Werden, Wachsen, Gedeihen und Vergehen. Dennoch findet in der modernen Gesellschaft ein ansprechender, dauerhafter Blumenschmuck großen Anklang.
Die Abneigung gegen künstliche Blumen war gerechtfertigt während der ersten Versuchswelle mit plumpen Plastikblumen und der darauf folgenden Phase mit zum Teil noch recht unvollständigen und kitschigen Federblumen. Mittlerweile sind sehr ansprechende, frischen Blumen täuschend ähnlich nachgeahmte Blüten auf dem Markt.
Die in der Mehrzahl aus China oder Jugoslawien kommenden Seidenblumen werden heute in einer bewundernswerten Perfektion gearbeitet. Hinzu kommt noch, daß man die Blumenstiele so zurechtbiegen kann, daß sie eine fast natürliche Wuchsform erhalten. Der schwache Punkt dieser Nachbildungen sind allerdings die Blätter und deren Ansätze. Ihnen fehlt die filigrane Struktur. Es ist also ratsam, die wesensfremd erscheinenden, imitierten Blätter zu entfernen und durch natürliches, getrocknetes Pflanzenmaterial zu ersetzen. Hierzu eignen sich besonders verschiedene Gräser, Sauerampferfruchtstände, Schleierkraut, getrocknete Farne, Statizen, »Jungfer im Grünen«, Silberlinge und getrocknete Blätter von Efeu, Ahorn, Ruskus, Liguster, Eiche usw. Das ausschmückende Beiwerk sollte stets so gewählt werden, daß lediglich die jeweilige Blumenart betont wird.

Feuerwerk

Material:
Seidenblumen »Feuerlilie«,
Straußfarn *(Matteucia)*,
Fruchtstände von Weidenröschen
(Epilobium angustifolium)

Hilfsmaterial:
Poronquader, Oasis-fix, Pinholder,
Schieferstückchen

Die nebenstehende Komposition veranschaulicht, wie man Seidenblumen mit getrockneten Pflanzen sehr natürlich präsentieren kann. Durch kontrastreiche Zusammenstellungen lassen sich markante Akzente setzen.
Zur Betonung des Wuchsmittelpunktes werden im allgemeinen sowohl bei Frisch- als auch bei Trockenblumenschmuck die dunklen Farbtöne an der Basis des Arrangements eingearbeitet. Eine farb- und formschöne Untermalung zu den orangen Feuerlilien sind die dunkelbraunen Straußfarne. Die getrockneten, zunächst sehr unansehnlich wirkenden Farne wurden in einem Sieb über Dampf geschmeidig gemacht und mit den Fingern aufgebogen. Von der mittleren Farnrippe ausgehend sind zunächst die Sporen möglichst weit auseinander zu drücken. Um Beschädigungen zu vermeiden, sollte man sie während des anschließenden Biegevorgangs immer wieder mit Wasser benetzen. Durch das Rundformen der mittleren Farnrippe wird die flächige Wirkung korrigiert.
An die Stelle einer Schale oder Vase tritt ein am Meeresstrand gefundener, ausdrucksvoller Stein. Auf die gesäuberte Unterlage klebt man mit Oasis-fix den Pinholder und steckt auf diesen ein rechteckig zugeschnittenes Poronstück, etwa 3x5 cm.
Nachdem die unnatürlichen Blätter der Seidenblumen entfernt worden sind, steckt man die Blüten in unterschiedlichen Größen und Richtungen ein. Als Unterstreichung dieser Linien werden die vorgebogenen Farne hinzugefügt.
Zur Auflockerung verwendet man die filigranen Fruchtstände der Weidenröschen. Sie sind auf Kahlschlägen, Heideflächen und Schuttplätzen zu finden. Die purpurroten, in langen Trauben hängenden Blüten welken zu schnell und sind daher für Dekorationen ungeeignet. Interessant sind sie erst nach dem Abblühen, wenn die langen, dünnen, direkt am Stengel liegenden Kapseln aufplatzen. Dabei werden die silberweißen, fedrig behaarten Samen sichtbar. Oft krümmt sich die Kapselmittelwand noch, so daß der Fruchtstand ein bizarres Äußeres erhält.
Steckmasse und Basis des Arrangements kann man zum Schluß noch mit flachen Schiefer- oder Steinsplittern bekleben und so abdecken.

Eleganz

Material:
Seidenblumen »Rose«, Seidenblumen »Rittersporn«, grün gefärbter Schwertfarn *(Nephrolepis)*, exotische Gräser, künstliches Blatt

Hilfsmaterial:
Poron, Zweikomponentenkleber oder Oasis-fix-Klebepistole

Der Glasbaustein ist für das zartgewählte Pflanzenmaterial und die pastellfarbigen Seidenblumen ein eleganter Ausgangspunkt. Mit der Oasis-fix-Klebepistole, die mit Klebepatronen gefüllt wird und in jede Steckdose paßt – man kann auch Zweikomponentenkleber benutzen –, wurde das 3x3 cm große Stück Poron einfach auf der Glasfläche befestigt.
Als erstes werden nun die drei Grasbüschel mit den anhaftenden rosa Blättern, die über Wasserdampf ihre Formen erhalten haben, in drei verschiedene Richtungen aufgesetzt. Zu der aufwärtsstrebenden Bewegung gesellen sich sechs rosafarbene Rosen, deren künstliche Blätter entfernt wurden. Zum Ausgleich der Balance trägt der auf der rechten Seite eingearbeitete seidene Rittersporn in Verbindung mit dem duftigen Grasbüschel bei. Die hellgrün gefärbten Schwertfarne sind ein auflockerndes Beiwerk. Die künstlichen Blätter an der Basis verdecken geschickt die Befestigungsmasse.
Das Geheimnis dieser Komposition besteht darin, möglichst viel natürliches, leichtes Pflanzenmaterial wie Gräser und Farne den künstlichen Blumen beizufügen, und zwar so geschickt, daß die Kunstblumen schwerlich als solche erkannt werden können.

eue Hundebuch
Von W. Busack, überarbeitet
. med. vet. A. Hacker, 104 S.,
iche Abb. auf Kunstdrucktafeln,
DM 6,80

ietrecht
eitfaden für Mieter und Vermieter
479) Von Johannes Beuthner,
96 S., kart., DM 12,80

cheidung und Unterhalt
ach dem neuen Eherecht
0403) Von Rechtsanwalt H.T. Drewes,
104 S., mit Karten und Unterhaltstab.,
kart., DM 7,80

Der neue Briefsteller
(0060) Von I. Wolter-Rosendorf,
112 S., kart., DM 5,80

Die erfolgreiche Bewerbung
(0173) Von W. Manekeller,
152 S., kart., DM 8,80

Verse fürs Poesiealbum
(0241) Von Irmgard Wolter,
96 S., 20 Abb., kart., DM 4,80

Knobeleien und Denksport
(2019) Von Klas Rechberger, 142 S.,
viele Zeichnungen, kart., DM 7,80

Heimwerker-Handbuch
Basteln und Bauen mit elektrischen
Heimwerkzeugen
(0243) Von Bernd Käsch, 204 S.,
229 Fotos und Zeichnungen,
kart., DM 9,80

Großes Rätsel-ABC
(0246) Von H. Schiefelbein, 416 S.,
gbd. DM 16,80

Stricken, häkeln, loopen
(0205) Von Dr. Marianne Stradal,
96 S., 100 Abb., kart., DM 5,80

Tennis
Technik – Taktik – Regeln
(0375) Von Harald Elschenbroich,
112 S., 81 Abb., kart., DM 6,80

Wie soll es heißen?
(0211) Von Dr. Köhr,
88 S., kart., DM 5,80

Beliebte und neue
Kegelspiele
(0271) Von Georg Bocsai,
92 S., 62 Abb., kart., DM 4,80

Vorbereitung auf die Geburt
Schwangerschaftsgymnastik,
Atmung, Rückbildungsgymnastik
(0251) Von Sabine Buchholz,
112 S., 98 Fotos, kart., DM 6,80

Spaß am Laufen
Jogging für die Gesundheit
(0470) Von Werner Sonntag,
120 S., 36 Abb., kart., DM 6,80

**Glückwünsche, Toasts
und Festreden zur Hochzeit**
(0264) Von Irmgard Wolter, 88 S.,
kart., DM 4,80

Spielend Schach lernen
(2002) Von Theo Schuster,
128 S., kart., DM 6,80

Spiele für Kleinkinder
(2011) Von Dieter Kellermann,
80 S., kart., DM 5,80

Selbst tapezieren und streichen
(0289) Von Dieter Heitmann und
Jürgen Geithmann, 116 S., 67 Abb.,
kart., DM 6,80

**Von der Verlobung
zur Goldenen Hochzeit**
Vorbereitung – Festgestaltung –
Glückwünsche
(0393) Von Elisabeth Ruge, 120 S.,
kart., DM 6,80

Bruce Lees Kampfstil 2
Selbstverteidigungs-Techniken
(0486) Von Bruce Lee, M. Uyehara,
128 S., 310 Fotos, kart., DM 9,80

Pilze
erkennen und benennen
(0380) Von J. Raithelhuber, 136 S.,
106 Farbfotos, kart., DM 9,80

Falken-Handbuch Pilze
Mit über 250 Farbfotos und Rezepten
(4061) Von Martin Knoop, 276 S.,
250 Farbfotos, 28 Zeichnungen,
gbd. DM 36,–

Für jeden etwas...

Praktische Gebrauchsbücher stehen Ihnen, lieber Leser, mit Rat und Information zur Seite, wenn es darum geht, Fragen des täglichen Lebens zu beantworten.
Die hervorragende Sachkenntnis und die verständliche Sprache unserer Fachautoren sind ebenso selbstverständlich wie die sorgfältige Ausstattung unseres großen Buchprogramms. Damit bietet Ihnen der Falken-Verlag Bücher zum Lesen und Nachschlagen, mit denen Sie Ihr Leben aktiv und erfolgreich gestalten können.

Trockenblumen und Gewürzsträuße
(Best.-Nr. 5084) DM 9,80

Kleingebäck
(Best.-Nr. 5089) DM 9

Phantasieblumen
(Best.-Nr. 5091) DM 9,80

Brotspezialitäten
(Best.-Nr. 5088) DM 9,80

Raffinierte Steaks
(Best.-Nr. 5043) DM 9,80

Schmuck und Objekte aus Metall und Email
(Best.-Nr. 5078) DM 16,80

Spanische Küche
(Best.-Nr. 5037) DM 9,80

Zugeschaut und mitgebaut 1 – 4
(Best.-Nr. 5031, 5061, 5077, 5093)
je DM 14,80

Kalte Happen und Partysnacks
(Best.-Nr. 5029) DM 9,80

Gemüse und Kräuter
(Best.-Nr. 5024) DM 9,80

Hobby Holzschnitzen
(Best.-Nr. 5101) DM 14,80

Kinder lernen spielend kochen
(Best.-Nr. 5096) DM 9,80

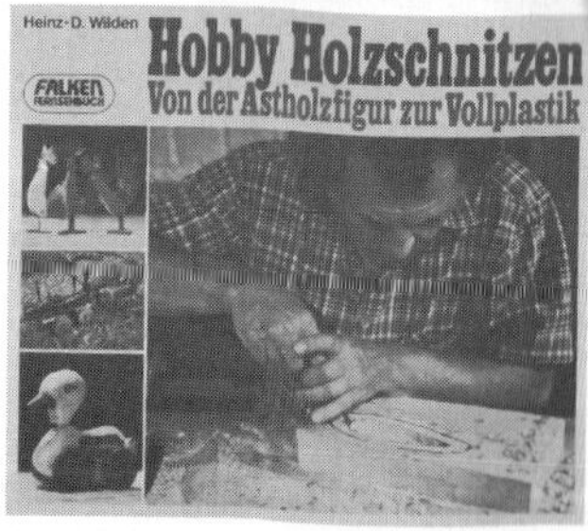

Das n
(0009)
von D
zahlre
kart.,

M
Le
(0
1

S
r

Ziervögel
in Haus und Voliere
Arten · Verhalten · Pflege
(0377) Von Horst Bielfeld, 144 S.,
32 Farbfotos, kart., DM 9,80

Beeren und Waldfrüchte
erkennen und benennen –
eßbar oder giftig?
(0401) Von J. Raithelhuber, 136 S.,
90 Farbfotos, 40 s/w, kart., DM 16,80

Arzneikräuter und Wildgemüse
erkennen und benennen
(0459) Von J. Raithelhuber, 140 S.,
108 Farbfotos, kart., DM 12,80

Tee für Genießer
(0356) Von Marianne Nicolin, 64 S.,
4 Farbtafeln, kart., DM 5,80

Fred Metzlers
Witze mit Pfiff
(0368) 120 S., Taschenbuchformat,
kart., DM 5,80

Selbst Brotbacken
mit über 50 erprobten Rezepten
(0370) Von Jens Schiermann, 80 S.,
mit 6 Zeichnungen und 4 Farbtafeln,
kart., DM 6,80

Kalorien · Joule
Eiweiß · Fett · Kohlenhydrate
tabellarisch nach gebräuchlichen
Mengen
(0374) Von Marianne Bormio, 88 S.,
kart., DM 4,80

Zimmerpflanzen
(5010) Von Inge Manz, 64 S.,
98 Farbabb., Pbd. DM 9,80

Die 12 Sternzeichen
Charakter, Liebe und Schicksal
(0385) Von Georg Haddenbach,
160 S., gbd., DM 9,80

Möbel aufarbeiten, reparieren und pflegen
(0386) Von E. Schnaus-Lorey,
96 S., 104 Fotos und Zeichnungen,
kart., DM 6,80

Selbst Wahrsagen mit Karten
Die Zukunft in Liebe, Beruf und
Finanzen
(0404) Von Rhena Koch, 112 S.,
viele Abb., Pbd., DM 9,80

Einkochen
nach allen Regeln der Kunst
(0405) Von Birgit Müller, 96 S.,
8 Farbtafeln, kart., DM 6,80

Die besten
Tierwitze
(0496) Herausgegeben von
Peter Hartlaub und Silvia Pappe,
112 S., 25 Zeichnungen, kart., DM 5,80

Tauchen
Grundlagen – Training – Praxis
(0267) Von W. Freihen, 144 S.,
71 Fotos und Farbtafeln, kart., DM 9,80

Moderne Schmalfilmpraxis
Ausrüstungen · Drehbuch · Aufnahme
Schnitt · Vertonung
(4043) Von Uwe Ney, 328 S., mit über
200 Abb., teils vierfarbig,
gbd., DM 29,80

Windsurfing
Handbuch für Grundstein und Praxis
(5028) Von Calle Schmidt, 64 S.,
über 50 Abb., durchgehend vierfarbig,
Pbd., DM 9,80

Reiten
Vom ersten Schritt zum Reiterglück
(5033) Von Herta F. Kraupa-Tuskany,
64 S., mit vielen Zeichnungen und
Farbabb., Pbd., DM 9,80

Die Selbermachers
renovieren ihre Wohnung
(5013) Von Wilfried Köhnemann,
148 S., 374 Farbabb., Zeichnungen
und Fotos, kart., DM 14,80

Bauernmalerei
leicht gemacht
(5039) Von Senta Ramos, 64 S.,
78 vierfarbige Abb., Pbd., DM 9,80

Großes Getränkebuch
Wein · Sekt · Bier und Spirituosen
aus aller Welt, pur und gemixt
(4039) Von Claus Arius, 288 S.,
mit Register, 179 teils großformatige
Farbfotos, Schuber, gbd., DM 58,–

Die besten
Ostfriesenwitze
(0495) Herausgegeben von
Onno Freese, 112 S., 17 Zeichnungen,
kart., DM 5,80

Moderne Fotopraxis
Bildgestaltung · Aufnahmepraxis ·
Kameratechnik · Fotolexikon
(4030) Von Wolfgang Freihen, 304 S.,
mit 244 Abb., davon 50 vierfarbig,
Balacron mit vierfarbigem Schutz-
umschlag, abwaschbare Polylein-
prägung, DM 29,80

Falken-Handbuch spielen
drinnen und draußen, für jung und alt
(4034) Von Heinz Görz, 430 S.,
mit 370 farbigen Zeichnungen,
gbd., DM 36,–

CB-Code
Wörterbuch und Technik
(0435) Von Richard Kerler, 120 S.,
mit technischen Abb., kart., DM 7,80

Münzen
Ein Brevier für Sammler
(0353) Von Erhard Dehnke, 128 S.,
30 Abb. – teils farbig –, kart., DM 9,80

Naive Malerei
leicht gemacht
(5083) Von Felizitas Krettek,
64 S., 76 Farbfotos, Pbd., DM 9,80